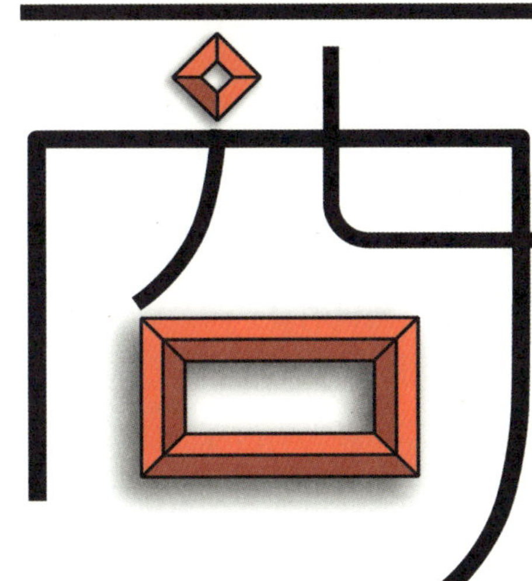

一读就懂的中国史

《图说历史》编委会
—— 编著

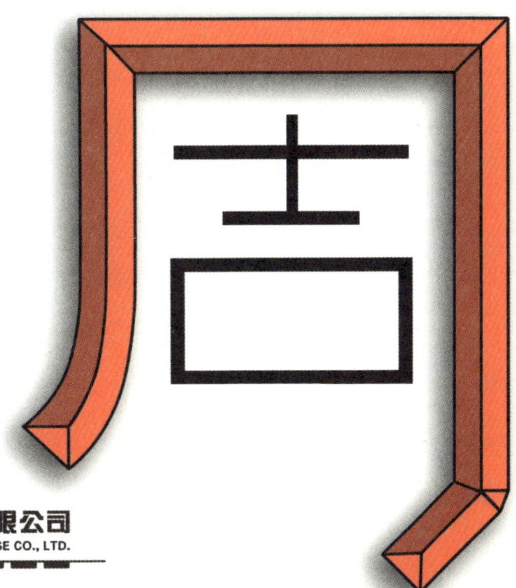

中国铁道出版社有限公司
CHINA RAILWAY PUBLISHING HOUSE CO., LTD.

众所周知，中国是一个拥有古老文明的国家，而“中华上下五千年”是人们对中华文明史最为普遍的认知。中华文明源远流长，并不断发展，作为中国最早朝代的夏、商、周三代，虽历史文献比其他朝代少，但仍然拥有无可比拟的魅力，而其神秘的历史依旧吸引着人们去不断地探寻。

自人类出现，文明就在不断地发展。我们的祖先由猿人一步步进化，步入了原始部落社会，又在劳动中开创出石器时代，并带着对世间万物的敬畏，“书写”了一段段像盘古开天、女娲补天等流传千古的神话传说。随后，杰出的部落首领黄帝和炎帝带领部落的人们繁衍生息，成为华夏族的祖先。而炎、黄之后，经禅让制而被推举出的部落首领尧、舜、禹，则以他们的德才仁义名传千古。

夏朝，在考古文物和后世史书中存在，它结束了原始社会，成为中国第一个世袭制朝代。它由治水有功的夏禹建立，共传十四代、十七位王，至商汤灭夏，共拥有近 500 年的历史。由于历史久远，这一时期的史料记载较为匮乏，但不可否认，河南洛阳的“二里头文化”是这个并不完善的奴隶制国家存在的最好证明。

在夏王朝逐渐衰落的同时，商族部落的势力在不断扩大。鸣条之战后，商汤建立起中国第二个奴隶制王朝——商朝，占据了中国历史长河中的 500 余年。在这个熠熠生辉的朝代，我们可以看到中国第一位贤相伊尹、九世之乱的帝王纠葛，还有壮阔的封神传说。当然，在这一时期，最为瞩目的自然是中国最早的成系统的文字符号——甲骨文和金文，商朝灿烂的青铜文明同样不可忽视。

朝代更迭，旧朝消亡，新朝建立，周朝代商而起。周王朝分为西周和东周，共计 791 年，其中西周由周武王姬发创建，至公元前 771 年镐京陷落宣布灭亡；东周和西周以周平王东迁为界，东周又分为两段，也就是人们常说的春秋和战国。在本书中，这一部分主要讲述的是西周的历史。

西周时期，周公旦“制礼作乐”，一套完整的君臣宗法、上下等级制度应运而生，礼乐制度更是影响了后世几千年。天下共主周天子，分封诸侯，封建之始，普天之下，莫非王土。西周中央王权从强盛到衰落，从“成康之治”到“国人暴动”，平王东迁标志着西周退出历史舞台。

本书图文并茂，以时间为线索，用七大章节详细介绍了夏、商、西周时期的中国历史，具有很强的可读性。另外，本书拥有清晰的结构图和众多趣味历史拓展，可使读者容易理解。相信读者可从书中的字里行间了解深厚的中华文化，感受青铜文化的魅力，感悟甲骨文字的奇妙，从而更深入的了解中华文明的魅力所在。

夏商西周历史进程

▲ 大禹像

▲ 禅让制岩雕

▲ 夏代灰陶绳纹鬲

约公元前 2070 年，禹将天下划分为九州。

2

禹的儿子启杀死益夺得王位，废除禅让制，建立了帝位传子的世袭制。

3

太康荒废国事，被后羿驱逐，后羿代夏自立，史称“太康失国”。

▲ 西周青铜壶

▲ 西周青铜甬钟

▲ 周昭王像

10

约公元前 977 年，周昭王南征伐楚，渡汉水时落水而亡。

11

公元前 841 年，国人暴动，周厉王逃跑，召穆公、周定公联合执政，史称“周召共和”。

公元前 770 年，周平王迁都洛邑，建立东周，西周灭亡。

▲ 夏代双耳三足罐

▲ 商汤像

▲ 商代青铜鼎

4

少康杀死寒浞和豷，恢复了夏朝的统治，史称“少康复国”。

5

约公元前 1600 年，商汤兴兵伐夏，发动鸣条之战，夏朝灭亡，商朝建立。

6

商王太甲乖张暴虐，为使太甲向善，伊尹放逐太甲，自己代为执政，后亲迎太甲还朝。

▲ 河南安阳殷墟博物苑

7

约公元前 1300 年，商王盘庚为挽救政治危机，迁都于殷，迁都后商朝政局趋于稳定。

▲ 周武王雕塑

8

约公元前 1042 年，周成王即位，周公辅政，带兵东征。

▲ 周成王像

9

约公元前 1046 年，周武王伐纣，商朝灭亡。

夏商周的文化符号：青铜器

夏商周也被称作“青铜时代”，“青铜”指的就是青铜器，是这个时代最有代表性的一种文化符号。中国的青铜器在夏兴起，盛于商，衰于周，可分为食器、酒器、水器、乐器四大部。这一时期的青铜器多为贵族使用，其不单单是用来盛物的器具，还是身份、权力的象征，在宗庙礼制中也占有极其重要的地位。

青铜食器是古人用来制作和盛放黍、稷、稻、粱等熟食的饮食用具。为了给食物保温，盛放类的食器大都有盖，盖子可单独翻转放置。

簋：功用类似于大碗，一般为圆腹、敞口、束颈圈足。在商周时期，簋还是身份的象征，在作礼器使用时多与鼎搭配。

▲ 西周中期殷簋和镂空豆

▲ 商代青铜簋

盨：从簋变化而来，形状一般为椭圆，敛口、二耳、圈足或四足，盖上一般有四个矩形钮。

剑、戈：青铜剑可手持或佩戴，是贵族和战士常用的武器。戈的使用方法与刀类似。

▲ 西周青铜剑、青铜戈

一些用于餐饮、奏乐等用途的青铜器在使用中被赋予了特殊的含义，成为一种青铜礼器，是中国古代青铜器的典型代表。

尊：大中型的盛酒器和礼器，分圆尊和方尊，长颈、敞口、口径较大。最为著名的就是商代的四羊方尊。

▲ 商后期四羊方尊

鼎：用来烹饪、盛贮食物的青铜食器或祭祀时的礼器。西周中晚期形成列鼎制度，鼎成为最能代表权力的青铜器。

▲ 西周中期大克鼎

甬钟：周代的一种打击乐器，柱状把手，悬挂在编钟架上用来敲打成音。

▲ 西周青铜甬钟

甲骨文中的“简笔画”

商周时的统治者是极为迷信的，生活中大大小小的事都要求神问卜，以测凶吉祸福，决定如何行动。在占卜过程中，用来占卜记事而在龟甲和兽骨上刻下的文字就是甲骨文。甲骨文是中国发现最早且体系较为完整的文字，其内容大部分都是占卜的进行情况与结果。通过对一些甲骨文和现代汉字的对比，不难发现，这种因形生字的甲骨文就是现代汉字的起源。

“鼎”的甲骨文形似猫，但其表示的却是鼎的提耳和足。

甲

金

篆

隶

楷

▲ 字形演变

“齿”的甲骨文是张开嘴巴露出牙齿的样子，是较为典型的象形文字。

甲

金

篆

隶

楷

▲ 字形演变

“心”的甲骨文就是人心脏的形象，不太接近现代汉字，反而更像图形。

甲

金

篆

隶

楷

▲ 字形演变

"回"的甲骨文也是典型的象形文字，描绘的是水回环旋转的形状。

甲

金

篆

隶

楷

▲ 字形演变

"车"的甲骨文十分形象，有车轮、车盖，还有连接的车轴。

甲

金

篆

隶

楷

▲ 字形演变

"行"的本义是道路，它的甲骨文很像十字路口的形状。

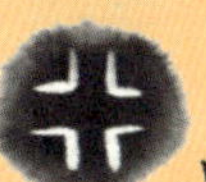
甲
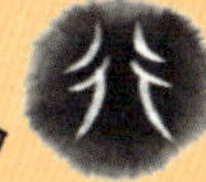
金
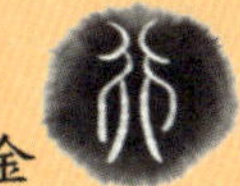
篆

隶

楷

▲ 字形演变

"丝"与古人的生活密切相关，"丝"的甲骨文就像两束缠绕的蚕丝。

甲

金

篆

隶

楷

▲ 字形演变

敬畏鬼神的夏商周：占卜术

古人借助一些事物和征兆来推断未来的吉凶祸福，这就是占卜。在夏商周时期，人们敬鬼神、以“天命”“神判”为法，从而出现了各种各样的占卜术，其中预占吉凶的术法主要有三种：卜法、筮法、梦占。在这一时期，这三种占卜术的地位以卜法为首，筮法次之，而梦占则只起到参考的作用。

卜法盛于商朝，是最早、最常用的占卜术，即灼烧龟壳或兽骨，通过甲骨上的裂纹断续来判断吉凶。

兽骨：常用牛的肩胛骨，占卜中会将兽骨锯削、磨平，凿孔变薄后进行灼烧。

▲ 兽骨卜法

龟壳：取龟腹甲，去除边缘使其平直，凿孔变薄后进行灼烧。

▲ 龟壳卜法

星占，即通过观察天象和星宿的位置变化，而预测事物的发展趋势。

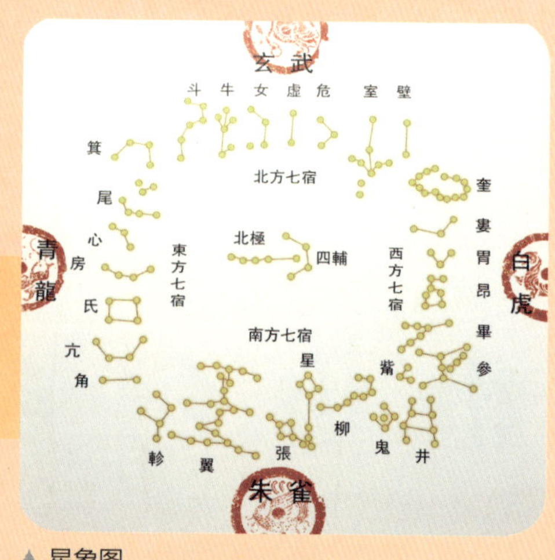

▲ 星象图

梦占，即是通过解梦来预测吉凶，以推知事物的发展趋势。因此原因，当时出现了一些驱除噩梦的“法术”，也有解述梦境的书籍，例如《周公解梦》一书。

▲ 周公像

周易筮法流行于周朝，广义指应用《周易》的相关理论进行占卜，狭义是用草木做预测的方法，常见的是蓍草。

八卦：八卦生于太极、两仪、四象之中，是用来推演世界空间、时间、各类事物关系的工具，是易学文化的代表。

▲ 八卦图

蓍草：菊科植物，多年生草本，茎直立，一本多茎。蓍草生长周期长，所以古人用了“耆”（即为“老”）这个部分组字，蓍草是古代占卜常用的一种草。

▲ 蓍草

目录

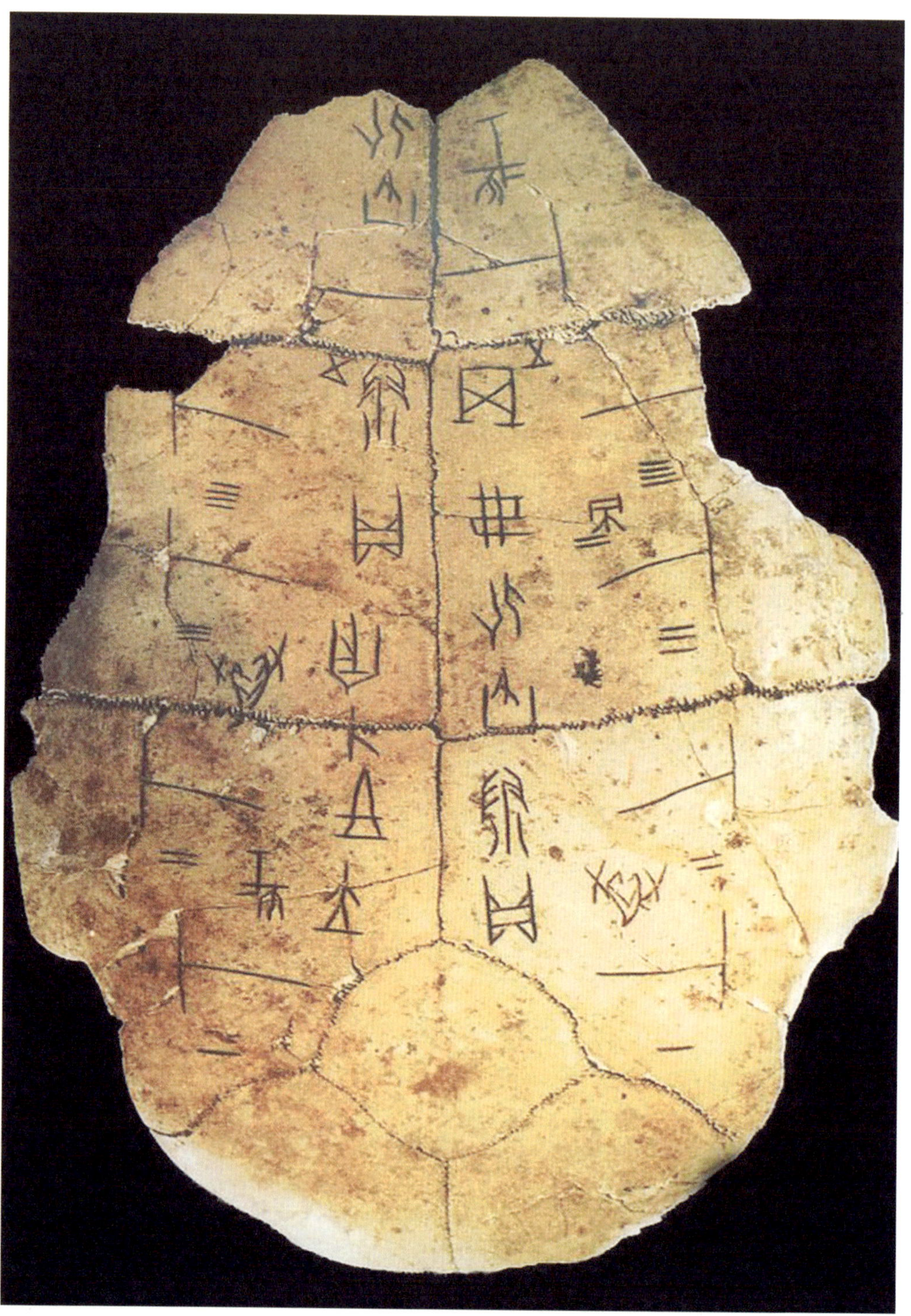

▲ 甲骨文

中华文明的起源

中华大地人类重要的起源地之一，人类起源各个阶段的化石在中华大地上均有所发现。目前，在中国境内发现的最早的古人类化石是元谋直立人。我国境内古人类的演化过程，常被作为支持人类“多地起源说”的重要证据。

人与猿的分界线

说起人类的起源，就不得不提到英国生物学家查尔斯·罗伯特·达尔文提出的著名的“进化论”学说。1859 年，达尔文的著作《物种起源》发行，震惊世界。作者在书中提出了“物竞天择”“适者生存”等影响巨大的观点，阐明了“物种是由低级向高级逐渐进化发展”的科学原理。随着世界各地古人类化石的出土和研究，人们也逐渐有了普遍的认识：人类是由古猿进化和演变而来的。

人与猿有共同祖先

关于人类起源何处，一直存在两种假说。一种假说认为，人类起源于非洲，现代人的祖先最早出现在东非，然后迁徙到世界各地，这就是“单地起源说”；另一种假说认为，凡是有直立人化石出土的地方，都有可能是人类的起源之地，如非洲、亚洲和欧洲，这就是“多地起源说”。除了这两种假说，也有研究力图证实，无论是哪里发现的直立人或能人，其实都只是人类进化过程中一个失败的支线而已。

有趣的是，根据对人类细胞内的线粒体 DNA 分析，结果显示现代人都有一个共同的女性远祖，这不由得让人想起了“夏娃”，这种假说因此被称为“夏娃假说”。根据推断，夏娃为生活在距今大约 30 万年到 15 万年间非洲的一个妇女。

通过对已发现的最早的古猿化石的观察，可知南方古猿生存在距今约 550 万年至 130 万年的东非和南非，他们已经具备了人类的基本特征。考古学家们在古猿化石中发现了一个女性的头盖骨，拥有类似猿的脑容量，并以直立的方式行走，她被命名为“露西”，被归类为“人类”。

1960 年，非洲东部发现了能人化石。能人生存在距今约 200 万年至 150 万年间，脑容量比南方古猿大，石器加工技术明显提高，他们的生活以采集和狩猎为主。直立人化石分布于亚洲、非洲和欧洲。他们生活在距今约150万年至20万年，脑容量约为1200毫升，被推测已经有了语言能力。印度尼西亚发现的“爪哇人”、德国发现的“海德堡人”以及中国发现的“北京人”都是直立人。直立人已经懂得用火，还能捕获体型更大的动物。

▲ 周口店北京人遗址

与现代人类更为相近的是智人。他们生活在距今约25万年至4万年，他们有了埋葬死者的习俗，会取火、绘画，建造住所、制作饰品，狩猎工具也更为高级，有了标枪、弓箭、投矛器等。

元谋人与蓝田人

元谋人，因发现地点在云南元谋县上那蚌村西北小山岗上，因此被定名为“元谋直立人”。已发现的元谋人化石包括两枚上内侧门齿，属于同一个成年人个体。根据门齿形状测定，元谋人具有从类人猿向直立人过度的特征，应属早期直立人。在出土元谋人化石的地方还发现了大量的碳屑，说明元谋人已经初步掌握了用火的技能。

▲ 蓝田人遗骸发现地（1965 年）

蓝田人属早期直立人，发现于陕西蓝田县公王岭。蓝田人头骨高度极低，是目前世界上发现的晚期直立人化石中头骨高度最低的一个，这意味着蓝田人的脑量很小，尚处在较为原始的阶段。蓝田人生活在距今约 115 万年至 110 万年，也掌握了使用火的技能。

历史拓展

脑容量也称“颅容量”。颅骨内腔容量大小，即通常所说的脑容量，以毫升为单位。脑容量与智商无直接关联，不成正比，决定智商的是大脑结构。不过当脑容量变得极端过大、过小（头大身子小、头小身子大）时，就可能影响智商，使人变得愚笨。

最早意义上的中国人

作为中国境内直立人的代表，北京人遗址发现于北京房山区周口店龙骨山，是一处洞穴遗址。遗址上大下小，文化堆积厚达 40 多米，自上而下可分为 13 层，存在年代从距今 70 万年持续到距今 20 万年，前后延续约 50 万年。根据人骨化石测定，北京人属晚期直立人。

历史拓展

文化堆积，古学术语。指古代遗址中，由于古代人类活动而留下来的痕迹、遗物和有机物所形成的堆积层，每一层代表一定的时期。

从体质状况看，北京人的头部保留了

▲ 周口店北京人遗址

较多的原始痕迹，主要表现在头盖骨比现代人低矮，前额较平，眉骨粗壮，左右相连。从脑容量看，北京人与蓝田人相比，脑量有了较大的增加，但与现代人相差悬殊，仅为现代人脑量的 89%。北京人下颌骨十分发达，门齿呈铲形，具有强大的撕咬和咀嚼能力；肢骨与现代人较为相似，出现了直立行走的生理特征。根据肢骨测算身高，男性约为 1.62 米，女性约为 1.52 米。

北京人遗址出土了大量石制品、骨制品和哺乳动物化石。根据洞内发现的化石推测，北京人通常由男子负责狩猎，女子负责采集。狩猎目标主要是草食动物，如肿骨鹿等，他们使用木棒或石器，或追赶围攻猎物，或捕食鸟类、鱼类等；采集则以各种植物果实或种子为主，如榛子、核桃和松子，他们会使用“石球”砸击硬壳果实。

历史拓展

1921 年，瑞典地质学家安特生等人在周口店采集脊椎动物化石，首先发现了两枚人牙化石，并发现了周口店遗址。1927 年，遗址开始进行大规模的发掘工作。1929 年，中国考古学者裴文中发掘出第一个完整的人类头盖骨化石。

▲ 周口店北京人遗址

遗址内还有大量的用火遗迹，存在木炭以及大量烧过的兽骨。值得一提的是，灰烬与烧过的东西被限定在一定区域，而非随意散布在洞中，说明这个阶段的北京人不仅已大量使用火，而且还掌握了控制火的能力，大大提高了应对自然的能力。而人们开始有意识的吃熟食，这对大脑的进化也起到了关键作用。

北京人在劳动中制作了简单石器，并用它进行劳动。石器按照用途可划分为三类：加工石器的工具，如石锤和石砧；切割工具，如刮削器；砍伐工具，如砍砸器等。

人类与动物区别的主要标志之一，就是会使用和制造工具。从这个意义上说，以北京周口店人为代表的直立人，可以说是最早意义上的中国人。

智人

人类的起源与进化大致经历了古猿、直立人、早期智人和晚期智人等阶段，晚期智人阶段已经与现代人没什么差别。

1930 年，北京龙骨山顶部发现了一个新的洞口，这个洞口被称为“山顶洞”，山顶洞内发现了丰富的人类化石。从山顶洞人的头骨推测，他们的脑容量

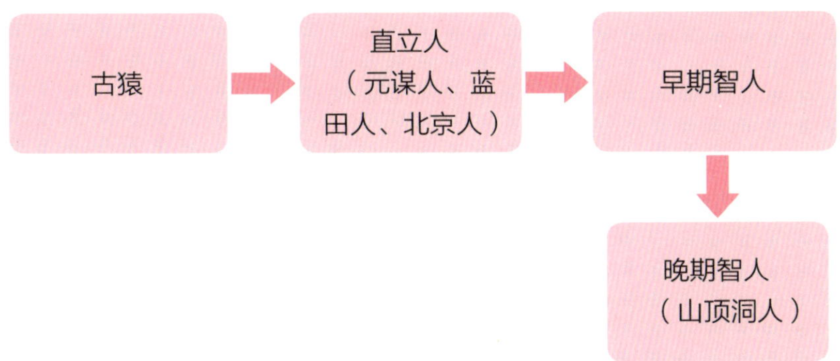

▲ 人类起源与进化的主要阶段

及四肢都和现代人相似，大约生活在距今 3 万多年至 2 万年间。山顶洞人是著名的晚期智人。

北京周口店遗址是世界上出土人类化石以及发现各种早期人类文化遗存最丰富的遗址，为我国研究古人类的进化以及古生物、古环境的变迁提供了大量珍贵的资料。

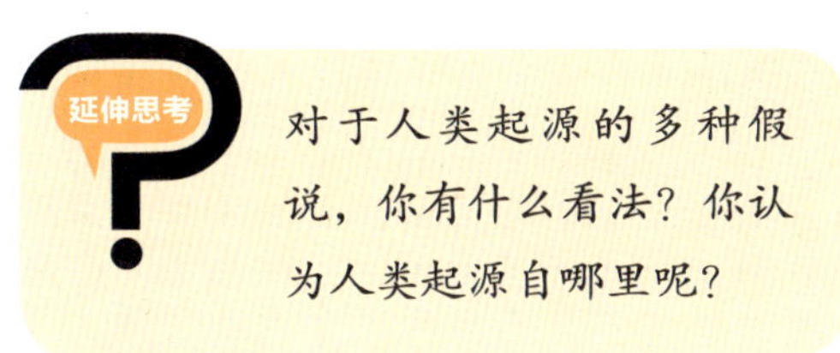

对于人类起源的多种假说，你有什么看法？你认为人类起源自哪里呢？

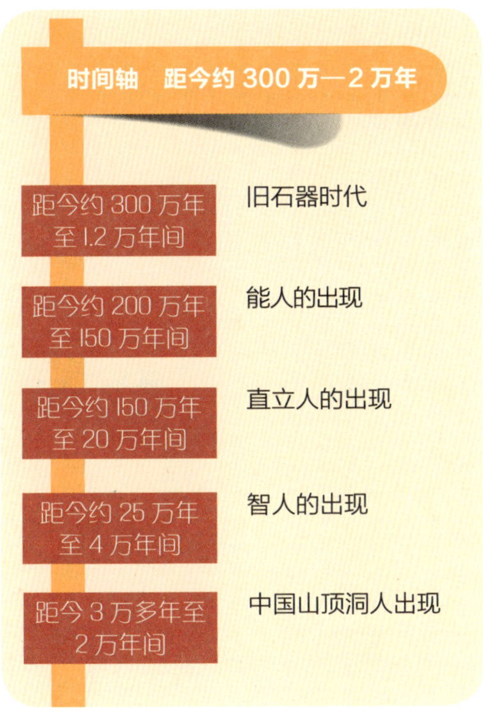

石器时代的原始生活

从人类出现，到进入文明时代，整个原始社会时期，人类都主要使用石器从事生产劳动，这一时代也被称为石器时代。其中，旧石器时代，指的是以使用打制石器为标志的人类物质文化发展阶段；新石器时代，指的是以使用磨制石器为标

历史拓展

1865 年，英国人卢伯克首先提出旧石器时代和新石器时代这两个名词。他一生留有 3 部著作：《史前时代》《蚂蚁、蜜蜂和黄蜂》《人生的乐趣》。值得注意的是，“石器时代”是考古学家提出来的一个时间区段概念，并不代表那个时候的人类只会使用石器。

▲ 新石器时代工具

志的人类物质文化发展阶段。

旧石器时代

旧石器时代在距今约 300 万年至 1.2 万年间，与直立人、早期智人和晚期智人三个人类进化阶段相当。

旧石器时代的人类，主要是通过采摘果实、狩猎或捕捞等劳动方式获取食物。人们群居在山洞里，也有少数群居在树上，以一些植物的果实、坚果和根茎为食物，同时集体捕猎野兽、捕捞河湖中的鱼蚌来维持生活。

人们在采集和捕猎中使用的工具主要是“打制石器”，即人工敲打制成的石器，其中用来砍伐树木、挖掘植物根茎以及砸击果壳的为“砍砸器”，相对体积较大；用来切割和刮削的称为“刮削器”，体型较小。通过石器形状也可以进行简单区分，圆形石器如石球，主要在狩猎中使用，也可敲击坚果；尖状器可用于切割和挖掘。

根据对旧石器时代遗址的研究，可以推测出当时原始人群的生活状态。有趣的是，许多内容与民族志中的记载不谋而合。例如，彝族历史文献《西南彝志》

▲ 丹麦燧石匕首

记载："人们在当初，不曾住地面，野兽花斑斑，跑在森林里；人居于树上，兽与人同处"；《滇略》中记载，有一部分被称为"野人"的景颇族，"茹毛饮血，夜宿树上"；《贵州通志》中记载，少数苗族先民曾经"架木如鸟巢寝处"；东北的古代肃慎族亦曾"夏则巢居，冬则穴处"。

旧石器时代，人类从原始族群逐渐走向母系氏族，即建立在母系血缘关系上的社会组织，是按母系计算世系血统和继承财产的氏族制度。早期母系氏族就有自己的语言、名称，同一氏族有共同的血缘，崇拜共同的先始，氏族成员生前共同生活，死后葬于共同的氏族墓地。

历史拓展

姓，在《说文解字》中的解释是"人所生也"，表示的是血缘关系，一些比较古老的姓如姬、姜、嬴等都是"女"字旁。古代也有"同姓不婚"的习俗，这其实都是古代母系氏族社会的残留。

早期人类社会的雏形

中国的远古时代，指的是从人类起源开始，到中国第一个王朝——夏王朝的

▲ 原始人类生活场景

▲ 人类社会组织形式的变化

建立这一历史时期。根据人类社会组织形态的变化，远古时代又划分为原始群、母系氏族和父系氏族等不同的历史阶段。

人类社会最早的组织形式是“原始群”。原始群以血缘关系为纽带，同一血缘关系的人共同劳动、共同生活，组成一个集体。在这个集体中，男女不分辈分，不固定对象地互为配偶，实行原始共产制。“原始群”是人类原始社会的初级阶段。

在早期智人阶段的晚期，人类逐渐摆脱了原始杂交状态，进入了初期的群婚阶段，婚姻只能在同辈中进行，属于族内婚的性质，这种社会组织形式叫做血缘家庭。

接下来，人类开始排除族内通婚，实行族外婚，几个不同的氏族形成一个较为稳定的婚姻集团，并互相通婚，这就是氏族公社。氏族公社是史前时期重要的社会组织形态。

氏族公社内部实行生产资料公有制，各氏族成员的经济地位是平等的。族长由氏族公社成员选举或撤换，也没有什么特权。氏族公社可划分为两个阶段：母系氏族公社和父系氏族公社。

在母系氏族公社阶段，氏族生活资料的主要来源是女性所承担的采集和原始农业，妇女在氏族公社中居于支配地位。但是随着畜牧业和原始手工业的发展，男性在生产领域所发挥的作用越来越大，氏族公社由此进入父系阶段，男子成为家庭和社会的核心，

历史拓展

在母系氏族公社阶段的原始生产分工中，妇女从事的采集活动要比男子从事的渔猎活动收获更加稳定，数量也更多。此外，妇女们在长时间的采集活动中掌握了作物的生长规律，并逐渐形成了锄耕农业，此时男子的生产分工大部分还停留在渔猎生产中，基本上要靠妇女养活全族，因此妇女占据了氏族中的最高地位。

▲ 原始部落

有权支配家庭财产以及家庭成员，母系氏族公社分化成若干以男子为中心的大家庭，即父系氏族公社。

在父系氏族公社阶段，公社内部实行的仍然是生产资料公有制，但已出现了私有制。随着生产力的发展，个体家庭成为社会生产和生活的基本单位，生产资料公有制逐步被小家庭所有制取代，氏族公社制度走向瓦解。

随着物质生产的进步，私有制获得充分发展，贫富分化加剧，一种凌驾于社会之上并致力于协调社会各集团之间关系的公共权力逐步形成，这就是国家的出现，人类从此迈入文明社会。

从远古到文明

我国发现的最早的人类化石，距今约 170 万年，而人类早期活动留下的石器文化遗存，最古老的距今长达 200 多万年。中国不但是世界上发现猿人化石、早期人类化石以及人类文化遗址最多的国家之一，而且各时期出土石器及遗迹更是遍布全国各地。从这些化石中，可以看出中华远古文化的进步历程，有些文化特征甚至延续到文明社会。

一般认为，当人类的社会组织形式发展到国家这种形态时，便进入了文明社会。恩格斯曾提出，国家的出现有两个标志：第一，是按地区而不是按血缘来划分国民；第二，公共权力的设立，如军队、监狱和官僚机构。当国家这种形态出现时，人类就步入到了文明社会。

历史拓展

近年来，随着早期文明社会各种文化遗存的公布，学者们普遍认可能够作为人类迈入文明社会的标志性物证有文字、青铜与城市遗址等，这在很多地区的考古发现中都得到了证明。不过，由于世界各地自然环境有着较大差异，各地区迈入文明社会的方式和途径多种多样，不能一概而论。

新石器时代

石器磨制技术在旧石器时代晚期就已经有了萌芽，目前发现的最早的磨制石器距今约有 2.9 万年。

在新石器时代，人类学会了种植和饲养家畜。从旧石器时代的采集、渔猎到新石器时代的农牧业，是人类对抗大自然能力的巨大提高和突破。随着农业、畜牧业的出现，人类开始了定居生活，从山地迁居到河谷平原或山陵与沼泽的边缘地带。

制陶业的出现和发展是新石器时代的又一标志。随着新石器时代农业的进步，人们出于日常生活以及储存谷物的需要，对陶器有了大量需求，因此制陶业开始迅速发展。

▲ 新石器时代的高领陶罐

从旧石器时代到新石器时代，古时候的人们在生产、生活上的用具有何重大改变？

 文明的源头：长江与黄河

黄河流域和长江流域是中华文明的重要发祥地，尤其是在新石器时代，不同地区先后出现了发达的地域文化，如黄河上游的马家窑文化，以渭河流域为中心的仰韶文化，河南中部的裴李岗文化，山东地区的大汶口文化、龙山文化，江汉平原的屈家岭文化以及长江下游太湖地区的马家滨文化、良渚文化，宁绍平原的河姆渡文化等。这些区域文化有着鲜明的个性，但也彼此相互交融，形成了重要的共性。

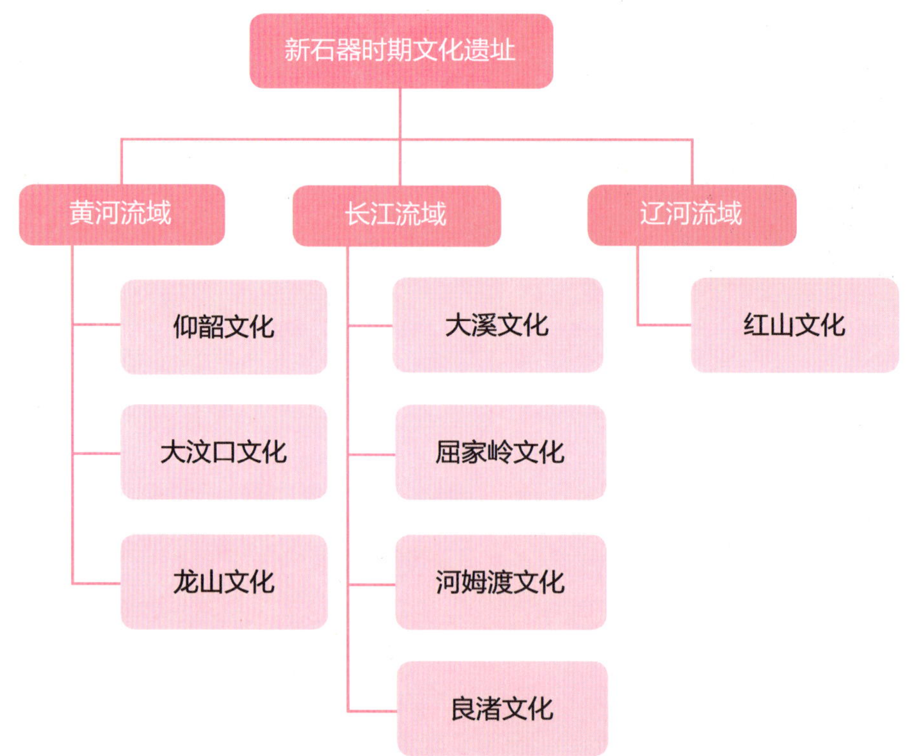

▲ 新石器时期中国主要的文化遗址

裴李岗 - 磁山文化

裴李岗文化距今已有 8500～7000 年，是目前所知华北地区年代最早的新石器文化，发现于河南新郑的裴李岗村。这里出土的石器以磨制石器为主，如石镰、石铲、磨盘等，这些石制生产工具的出现说明农业已经占据经济生活的主导地位。遗迹中还保存有房基、墓地和村落遗址，他们形成了一定的布局；当时还出现了饲养业，主要家畜有猪、狗、鸡、牛等。

发现于河北武安磁山村的磁山遗址也是华北地区新石器早期的重要文化遗存，该遗址出土了大量陶器与植物标本，反映出当时农业已颇具规模，有部分人从农业生产中脱离出来，开始从事陶器制作等手工业生产工作。

> **历史拓展**
>
> 现代学者普遍认为，河姆渡文化代表了南方水稻文化，而磁山文化则代表了北方旱作农业中的谷子文化。磁山文化与老官台（大地湾）、李家村、裴李岗等文化全部都是仰韶文化的前身，因此被统称为“前仰韶”时期文化。因为磁山文化和裴李岗文化之间的关系密切，因此两者还常被连称为“裴李岗 - 磁山文化”。

裴李岗 - 磁山文化在一定程度上代表了中原地区新石器文化早期的发展状况，为了解仰韶文化以前的新石器文化发展提供了大量实物资料。

远古之音：仰韶文化

仰韶文化因发现于河南渑池县的仰韶村，因此被命名为仰韶文化，主要分布在渭河流域及豫西北、晋西南等地。根据测定，仰韶文化存续的时间在距今 6100～4400 年之间。

仰韶文化的制陶业非常发达，无论质地、造型还是装饰，都堪称精品，尤以彩陶最具特色。彩陶是指在打磨光滑的橙红色陶坯上，以天然的矿物质颜料进行描绘，用赭石和氧化锰作呈色元素，然后入窑烧制。彩陶制作精美，质地细腻，既是实用器皿，又具有很高的艺术价值。中国彩陶艺术分布广泛，延续时间长，从距今 8000 年到距今 3000 年左右，绵延了 5000 多年，在很多文化遗址中都有发现，在世界彩陶历史中艺术成就最高。

仰韶文化中发现的彩陶器的腹部与口沿，多装饰有太阳纹、宽带纹、鸟纹、人面纹、鱼纹、涡纹等图案，十分美观。仰韶文化陶器的种类有碗、盆、瓮、罐、钵、瓶、盂、杯、鼎、灶等，可见陶器已广泛应用于日常生活。

仰韶文化时期，农业种植的主要农作物是粟。另外，也发现过芥菜、白菜的种子，这说明当时人们已经懂得种植蔬菜。生产工具以磨制石器为主，有斧、铲、刀、凿等，还有磨盘与磨棒，除此之外，陶器与骨器中也有一些生产工具。人们驯养的家畜主要是狗和猪。大量骨镞、石镞、角镞与网坠等渔猎工具的出土，说明渔猎依然是当时主要的经济活动。

历史拓展

1918 年，在北洋政府农商部担任矿政顾问的瑞典地质学家安特生到河南渑池县采集化石，经过对当地采集的数百件石器标本的研究，他判定渑池县仰韶村肯定存在着一处史前时代遗址。1921 年 4 月，他再次来到这里，开始了一次重要的考古调查，获得大量珍贵文物。安特生在发掘仰韶村遗址后，又对周围的一些地点进行了调查和发掘，认为这些地点均属于同一类遗存，于是他将黄河中游地区发现的所有同类遗存命名为“仰韶文化”，又因为这类遗存均以彩陶为明显特征，所以又被称为“彩陶文化”。

仰韶文化时期，人们已经开始稳定定居，村落遗址已经在功能上有了区分，一般包括居住、墓葬和制陶区三部分。房屋以半地穴式为主，也有部分为地面建筑。

半坡遗址位于陕西省西安市半坡村，是黄河流域一处典型的原始社会母系氏族公社村落遗址，属仰韶文化，存在年代为距今约 6800～6300 年。遗址中发现的生活用具以彩陶器为主，其中一只陶罐里还保存着炭化了的菜籽，系属白菜、芥菜一类的种子。

当时人们的生产工具主要是石器，也有部分陶器和骨器。石器以磨制为主，但仍有少量打制石器，种类主要有石斧、石锛、石铲、石锄、矛头、箭头、鱼叉、鱼钩、纺轮、骨针等。

历史拓展

彩陶最早于 1921 年在河南渑池仰韶村新石器时期文化遗址中发现，其后在甘肃、青海、陕西、宁夏、河南、河北、山西、山东、江苏、四川、湖北等地陆续发现。彩陶因时间的不同，分别属于不同的文化类型，如仰韶彩陶、半坡彩陶、马家窑彩陶、半山彩陶等。

▲ 半坡博物馆

最早的水稻田：大溪文化

大溪文化主要分布在长江三峡以及鄂西地区，距今约 6400～4700 年。与黄河流域各文化遗址普遍种植粟不同，大溪文化的农业主要种植作物是水稻。这里发现了世界上最早的水稻田之一，距今约 6500 年，面积超过 100 万平方米，田中有大量碳化稻谷、稻叶、稻茎的遗存。水稻田的附近还发现了原始灌溉设施。

在大溪文化的墓葬中，发现了以整条鱼或龟作为随葬品的现象，说明捕捞渔业在当时经济生活中占有重要地位。

大溪文化的另一个重要发现是城池遗址。湖南澧县的城头山古城址距今已有 6000 多年历史，是目前中国发现的年代最早的城池之一。

河姆渡文化和良渚文化

河姆渡遗址是长江下游的新石器时代中期文化的代表，距今约 7000～5000 年，遗址位于距宁波市区约二十公里的余姚市河姆渡镇。

河姆渡遗址出土丰富，有米粒、稻谷、稻壳、稻秆等化石，动物遗骸有亚洲象、犀牛、水牛、水鸟、龟等，淡水鱼骨也到处可见，这反映出河姆渡文化的农业以种植水稻为主，但采集和渔猎仍是当时重要的经济形式，热带动物的遗骸证明当时长江下游一带的气候比现在要温和湿润得多。

河姆渡文化中的主要生产工具是骨耜，用于翻土，可见长江下游地区早在六七千年以前就出现了锄耕农业。

河姆渡文化的房屋主要是一种栽桩架板的干栏式木构建筑，即建造房屋时先在地面上打好木桩，然后在木桩上建成高于地面的房屋，可以很好地适应长江下游低洼潮湿的地理环境。

良渚文化主要分布在长江下游的钱塘江流域和太湖流域，因发现于浙江余杭的良渚而得名。良渚文化距今约 5000 ~ 3700 年，影响范围很广，从山东南部到

▲ 良渚文化 - 出土玉器

湖北西部，甚至到广东北部都有良渚文化的痕迹存在。

良渚文化栽培的农作物种类很丰富，有水稻、蚕豆和花生等。值得一提的是，良渚文化遗址中发现了丝织品，说明当时已经发明了养蚕缫丝技术。中国是世界上最早养蚕缫丝的国家。

良渚文化遗存中最为突出的现象是玉器种类丰富，制作精美。以玉器随葬，是良渚文化的一种重要习俗，玉器种类有玉斧、玉璧、玉琮、玉环、玉瑗等，不过这些随葬品大多发现于大型墓葬中，中小型墓葬中很少见到，说明当时社会成员已经有阶层划分。

发源于内蒙古的红山文化

除了黄河、长江流域外，其他地区也发展出各具特色的新石器文化，比较典型的有红山文化。红山文化距今约 6000～5000 年，发源于内蒙古中南部至东北西部一带，主要分布在内蒙古的赤峰、辽宁西部的朝阳与锦州、河北北部的燕山地带以及内蒙古通辽的南部。

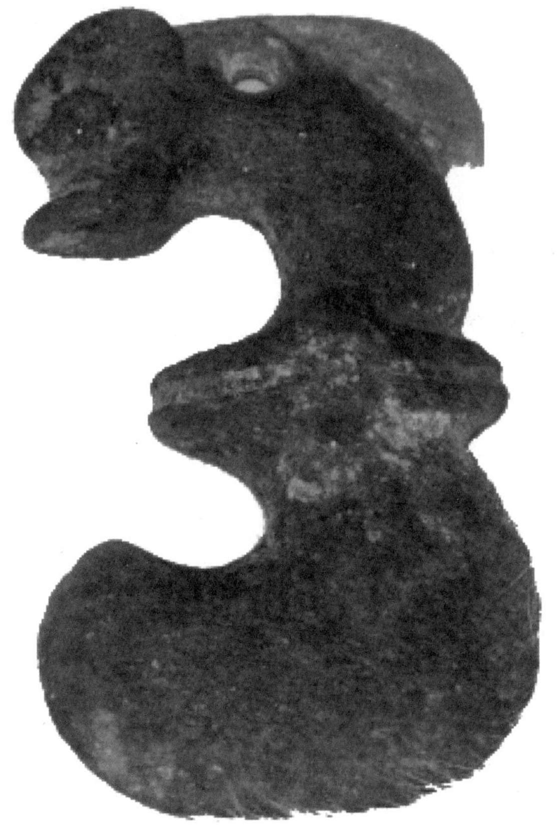

▲ 红山文化－兽形斧

红山文化的经济形态以农业为主，牧、渔、猎同时并存。农耕工具中有富有特征的烟叶形、草履形的石耜、桂叶形双孔石刀，还有各种磨制和打制的双孔石刀、石耜、有肩石锄、石磨盘、石磨棒和石镞等。

红山文化比较重要的文化遗存是积石冢、泥塑人像与特殊造型的玉器。

积石冢是一种特殊的墓葬

形式，一般建在山冈的顶部，墓上封土再积石，形成地上的冢顶。积石冢的周边，砌三层石为界，由外向内，形成如金字塔式的土墩。

红山文化发现的泥塑或陶塑人像如真人大小，栩栩如生，写实性很强；以女性为主，其中有立体圆雕的裸体妇女像，这些人像有些胸前的乳房突起，有些则是躯体具有孕妇的特征，有学者推测这是生育神或地母神的象征，同时也是母系氏族社会的体现。

红山文化中也发现了大量玉器，制作工艺精良，很有特点，代表器型主要有动物型玉、如龙形玉、鸟形玉、龟形玉和蚕形玉等，尤以龙形玉最具特色，另外还有筒形玉、勾云形玉和方圆形玉璧等，与长江流域良渚文化所发现的玉琮、玉斧的造型有很大不同。

为什么人类文化遗址大多分布在长江和黄河流域？

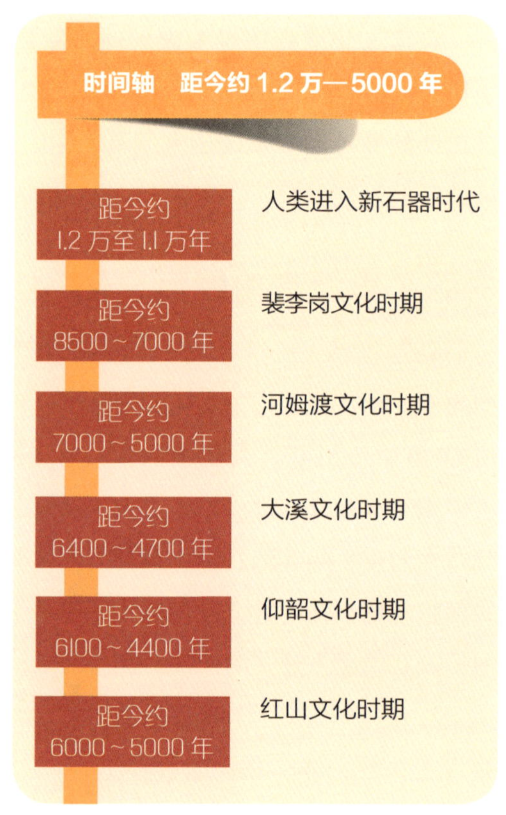

远古的传说与史实

在文字记载出现之前，历史靠世世代代的口述而流传，这些内容到后来才被文字记录下来，成为文献中的古史传说。

由于远古时代生产力水平极为低下，人们无法科学地解释世界的起源、自然现象以及社会生活的变化，于是通过丰富的想象，把自然拟人化，对不理解的现象作出合理的解释，这就是神话传说的来源。传说自然不能据之为信史，但揭去传说的神秘面纱，探索其真实含义，也是了解远古时期历史发展的重要方法和途径。

盘古与女娲

作为现代文明的发源地之一，中华文明的存在有五千年之久。在中华文明中，神话传说更有一种独特的魅力。我国自古就流传着许多神话故事，这些神话故事，是远古时期的人类对自身起源、对天地万物存在的解答。其中，关于世界的创造和起源，广为流传的就是盘古开天辟地的故事。

据三国时期徐整所著《三五历记》记载，天地最初处于混沌状态，盘古生于其中。在一万八千年后，天地开始分开，阳清之气上升演化为天，阴浊之气下沉演化为地。盘古怕天地会再合拢，就头顶天、脚踏地，站在天地之间。天地越分越远，盘古的身体也越长越高。《五运历年记》记载，盘古死后，他的呼吸化为风云，声音化为雷霆，左眼化为太阳，右眼化为月亮，手脚和身躯变成四极与五岳，身上的血液变为江河。

历史拓展

《三五历记》又作《三五历》《三五历纪》，为三国时代吴国人徐整所著，是最早记载盘古开天传说的一部著作，此书已佚，仅部分段落存于后来的类书如《太平御览》《艺文类聚》之中。

▲ 盘古雕像

开天辟地的创世神话自然与有据可查的信史不同，但却如实反映出远古时期人们对于天、地的直观认识，也是人们开始思考世界起源的表现之一。

女娲，中国上古神话中的创世女神，又称娲皇、女阴，史记称女娲氏，风（或为凤、女）姓，是古代传说中的大地之母。女娲造人的神话先秦时代就已经流传，汉代《风俗通》中记载，女娲一开始抟黄土造人，后来改变造人的方法，用绳子沾满泥土，抖落出去，泥土转瞬变成了人。用黄土抟成的人是富贵之人，甩落的泥点变成的人是贫贱之人。

战国时期的诗人屈原曾在《天问》一书中问道："女娲有体，孰制匠之？"意思是，人类是女娲所造，那么女娲又是谁造的呢？

历史拓展

《风俗通》，东汉民俗著作，作者东汉学者应劭，原书三十卷、附录一卷，今仅存十卷。此书又称《风俗通义》，记录了大量的神话异闻，但作者加上了自己的评议，从而成为研究汉以前民族风俗和鬼神崇拜的重要文献。"女娲造人""李冰斗蛟"等神话的最早记载皆见于此书。

▲ 女娲造人雕塑

人是由神创造而来的说法当然是荒诞无稽的，但这个故事却表现出远古时期人们对出现的社会分层的朴素理解。

在中华文明古老的传说中，女娲除了抟黄土造人，繁衍人类之外，还有一项功绩就是“补天”。女娲补天的故事有很多版本，在先秦时期流传的“女娲炼石补苍天”和“共工怒触不周山”是完全独立的两个故事，后来东汉学者王充把共工触山与女娲补天两件事连接到了一起。事实上，传说中的神灵最早都代表着自然界，比如水神共工和火神祝融。由于神灵爆发战争而引起灾难，正是先民对自然灾害曲折认知的反映。

历史拓展

河北涉县的娲皇宫，是中国建筑时间最早、建筑规模最大的奉祀女娲的古代建筑，它始建于北齐时期（公元 550～577 年），坐北朝南，悬空而立，背靠山崖处有 8 根绳索，将楼阁系在绝壁和悬崖之上，被称为“活楼”“吊庙”，堪称中国建筑之绝。

由于年代久远，除了考古证据，远古时期的历史也只能通过神话与传说去揣度。传

▲ 女娲补天

说中具体的人物与事件大多不可作为信史，但这些神话传说的背后往往又隐藏着真实的人类历史，等待着人们去揭秘。

“三皇”

“三皇”的传说在我国远古神话中占据着重要地位，但“三皇”究竟指哪三位在不同的文献中给出了不同的答案。其中，伏羲和神农比较确定，另一位则有女娲、燧人、祝融等不同的说法。

▲ 伏羲八卦

伏羲位居“三皇之首”，也是“百王之先”，自古就受到历代帝王的尊敬与祭祀。伏羲被认为是有大智的思考者和发明创造者，他最突出的贡献是教会了人们

历史拓展

八卦，指的是乾、坤、震、巽、坎、离、艮、兑，它是中国古老文化的深奥概念，是一套用三组阴阳组成的形而上的哲学符号。八卦表示事物自身变化的阴阳系统，用“—”代表阳，用“- -”代表阴，用这两种符号，按照大自然的阴阳变化平行组合，组成八种不同形式，叫做八卦。可以说，八卦其实是最早的文字表述符号。

结网捕鱼和狩猎，并创造了太极八卦，即以八种简单又寓意深刻的符号来概括天地万物。伏羲氏开启了中华民族的文化之源，因而被尊为“羲皇”。

除了上面两项重大创造，伏羲氏还有以下成就。

农耕的出现，使原始先民的生活终于安定下来，不用再追逐野兽，也不用再逐水草而居，堪称人类文明的一大进步。这项伟大的发明被归功于一位神话中的英雄：神农氏。

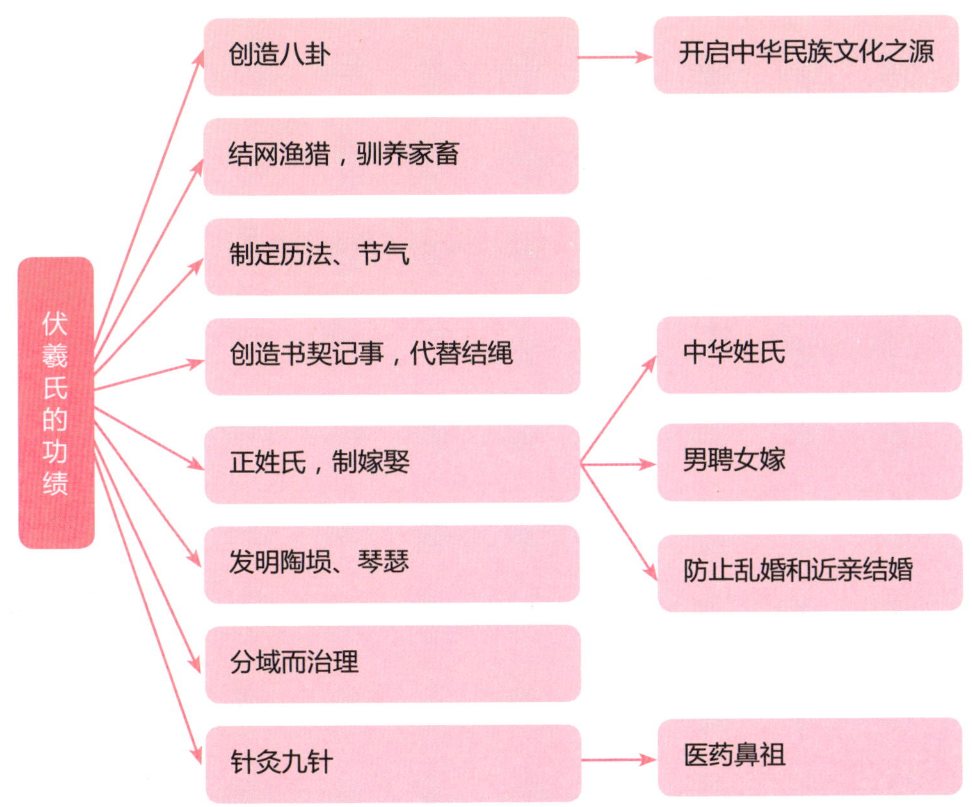

▲ 伏羲氏的功绩

▲ 伏羲庙

传说在还没有农业之时，五谷和杂草长在一起，药物和百花开在一起，哪些粮食可以吃，哪些草药可以治病，谁也分不清。传说神农氏生下来就有一个“水晶肚”，从外面就可以看到食物在肠胃中蠕动的情形。为了给人们找吃的、找医药，神农亲自去山上尝百草，经过反复试验，他从数千种植物中筛选出黍、稷等谷物，成为华夏先民们的基本食粮，“神农氏”就是由此而来的。他还尝出了三百六十五种草药，写成《神农本草》，叫臣

▲ 神农尝百草

▲ 神农雕像

民带回去，为天下百姓治病，因此，人们也把他尊称为“医药之神”。

神农首先学会了种植，并教给人们播种五谷，人们学着神农的样子把作物种植在土地里——这就是最早的农业。为了方便耕作，据说神农氏还发明了斧、锄、耒耜等农业生产工具。

燧人氏，被称为“火祖”“燧皇”，传说中他是钻木取火的发明者。人们在过采集生活时，生吃虫鱼，经常生病，学会人工取火后，食用熟食，才结束了茹毛饮血的野蛮历史。

在《尚书大传》中，燧人氏、伏羲氏、神农氏被合称为“三皇”。三皇都是对人类发展做出卓越贡献的英雄，从功绩看，他们

历史拓展

韩非子在《五蠹》中这样说：“上古之世……民食果蓏蚌蛤，腥臊恶臭而伤害腹胃，民多疾病。有圣人作，钻燧取火以化腥臊，而民说之，使王天下，号之曰燧人氏。”意思是，上古时代，人民吃野生植物的果实和蚌肉蛤蜊，有腥臊难闻的气味，伤害肠胃，人民疾病很多。这时有位圣人出现，钻木取火来消除食物的腥臊，人民很爱戴他，便推举他做帝王，称他为燧人氏。

▲ 上古三皇雕像

都掌握了一种或几种先进技术，如驯养家畜、农耕、用火等，使自己的氏族成为部落中的先进部族。他们领导人类对抗自然，战胜灾害，提高生存率，改善生活水平，为人类文明贡献巨大。作为人类始祖，他们的事迹代代相传，为人们所纪念。

▲ 伏羲像

“五氏”

三皇时代，相继出现了五个伟大人物，他们被合称为“五氏”，即有巢氏、燧人氏、伏羲氏、女娲氏、神农氏。

伏羲和女娲是人类的两大先祖，传说

历史拓展

伏羲是中国最早的有文献记载的创世神，记录于楚帛书中。楚帛书出土于1942年，出土地点是长沙东郊子弹库的一座楚墓，是目前中国出土最早最完整的先秦创世神话。楚帛书甲篇释文记载，在天地尚未形成、世界处于混沌状态之时，先有伏羲、女娲二神，结为夫妇，生了四子。这四子后来成为代表四时的四神。

两人是人首蛇身的一对兄妹，也有说是一对夫妻的。女娲氏，代表着人类的起源和母系氏族社会；伏羲氏，则代表着中华文明的起源和父系氏族社会。

有巢氏，号“大巢氏”，也称“巢皇”，顾名思义，“有巢”就是人们要有地方住。最早人们只知道住在洞穴里，无法抵御禽兽虫蛇的侵害，而有巢氏教人们不再住在地面洞穴中，在树上用树枝树叶建造出简陋的蓬盖，这就是原始的房屋了，房屋使人们很大程度上躲避了野兽和洪水。相传有巢氏也是伏羲氏和女娲氏的祖父。

三皇五氏作为上古人类的杰出代表，他们的功绩展现了中华文明用火、渔猎、种植、定居等的进步轨迹，也展现出中华先祖对文明的不断探索。

你认为神话传说都是虚无缥缈的吗？它们又为什么能流传千年呢？

 部落战争：英雄时代的来临

根据《史记·五帝本纪》的记载，黄帝号轩辕氏，生于神农氏之末。黄帝生活的时代，诸侯互相征伐，黄帝以武力建立起新的秩序，有关黄帝的传说恰恰反映了原始社会末期部族之间为争夺财富而频繁战争的情况，昭示着原始社会末期“英雄时代”的来临。

黄帝传说

中国人自称“炎黄子孙”，其中“黄”指的就是黄帝姬轩辕。传说黄帝长于姬水（今河南省新郑市），居于轩辕之丘，建都于有熊，故以姬为姓，亦称有熊氏。

▲ 黄帝像

在中华文明中，黄帝有着极其尊崇的地位，甚至超过开天辟地的盘古。后世帝王，包括匈奴人和鲜卑人，都自称或被称为黄帝后裔。黄帝之所以地位如此崇高，是因为几乎所有人类生存发展所需要的物质、精神方面的东西都是由他发明创造的，而这些发明每一样都大大提高了人类的文明程度。

黄帝在成为氏族首领后，有熊氏势力得到大大发展。黄帝非常重视发展农业，按古史传说神农氏仅能种植黍、稷，而黄帝则能种植多种粮食作物，他的功绩之一便是“艺五种”，“五种”是指“黍、稷、菽、麦、稻”五谷。黄帝时代农业经济和技术的突飞猛进也得到了考古材料的印证。黄帝在统一中国各部落之

▲ 黄帝的发明

后，在更多方面做出了贡献。他推算历法，兴文字，作干支，制乐器，创医学；政治方面，他建立了古国体制，划野分疆，设官司职；他也在服装、建筑、祭祀等方面有很多建树。相传尧、舜、禹、汤等均是黄帝后裔，因此黄帝被奉为中华民族的共同始祖，华夏民族也在这个阶段逐渐形成。

远古三大部落集团

黄帝时代，在中华大地上同时存在着炎帝部落联盟、黄帝部落联盟、九黎部落联盟等几大部落联盟，这些部落联盟占据着黄河中下游与长江中下游的广大地区，但他们之间互不统属，各自为政，互相攻伐，最终形成了三大部落集团。

其一是华夏集团，主要生活在黄河中游的中原地区，他们尊炎、黄为其始祖。从考古学的验证来看，以陕西省为中心的仰韶文化，很可能就对应着华夏集团。后来夏朝建立，他们称自己为夏或诸夏，即华夏集团的后裔。

另一个是东夷集团，其发源地在今天的山东半岛和安徽省境内，随后部分向西迁移，进入中原地区，部分向南迁移，进入长江中下游地区。有一种说法为商朝是东夷的分支，他们所尊崇的太昊、少昊以及帝俊，就都是东方天帝，或出生于东方。从考古学的验证来看，很可能东夷集团对应的是以山东为中心的大汶口文化。

▲ 三祖堂

再就是苗蛮集团，他们原本居住在河南省南部和湖北省北部，历代受华夏和东夷集团的压迫，被迫南迁到长江中游的鄱阳湖、洞庭湖附近。伏羲、女娲神话皆出自苗蛮集团。江汉流域的屈家岭文化，很有可能与之对应。

蚩尤的传说

蚩尤在正史中被提及是在《史记·五帝本纪·黄帝纪》中，因其有与黄帝战争失败的经历而闻名。大部分观点认为蚩尤是居住于黄河中下游一带九黎部落的首领。

▲ 蚩尤画像

历史拓展

《世本·作篇》中说蚩尤“以金作兵器”。有学者认为，蚩尤发明了金属冶炼和金属兵器制造技术。古代主要的金属兵器如戈、殳、戟、酋矛、夷矛，传说都是蚩尤发明的。九黎族信奉巫教，崇拜鬼神，并编有刑法。《周书·吕刑》记载：“蚩尤对苗民制以刑”，可以说蚩尤是建立法规、实行法制的第一人。

历史拓展

根据《尚书》与《国语》等多种古籍及其传、注记载，三苗出自九黎，而为九黎之后。九黎战败，族人流散，演变为三苗，三苗和当代的苗族无关。

有一种观点认为，蚩尤可能一度臣属于炎帝或曾经加入以炎帝为首的部落联盟，但后来与炎帝发生激烈冲突，并大败于炎帝。还有一些史学家认为蚩尤即炎帝，他们以《水经注》对涿水的记载为主要根据，考证出蚩尤、黄帝对战的“涿鹿”和炎黄对战的“阪泉”实为一地。两次大战实为同一次，则蚩尤与炎帝之所指也便相同了。另外，蚩尤和炎帝都以牛为图腾，这与蚩尤在后世的图腾形象一致。

上古时期，蚩尤带领九黎氏族部落在中原一带兴农耕、冶铜铁、制五兵、创百艺、明天道、理教化，为中华早期文明的形成做出了杰出贡献。河南、山东、河北交界处地区被称为“九黎之都”。河北省涿鹿县境内现存有蚩尤坟、黄帝泉（阪泉）、蚩尤三寨、蚩尤泉、八卦村、定车台、蚩尤血染山、土塔、上下七旗、桥山等遗址遗存。

阪泉大战

随着大部分氏族部落发展到父系氏族社会阶段，各部落之间的冲突越来越剧烈。距今约 4600 多年前，一场对华夏文明有决定性意义的战争——涿鹿之战爆发了。这场爆发于黄帝与蚩尤之间的部落大战，直接决定了中原地区的归属。

当时的各大部族包括生活在姜水附近的炎帝部落，生活在渭水北方的黄帝部落，生活在东方的少昊氏、伏羲氏等部落，以及生活在淮水北方的蚩尤部落和生活在汉水附近的三苗部落。每个部落都有各自的首领，他们不但掌管日常事务，也是宗教首领，是部族的大祭司。各部落之间经常发生战争。

▲ 炎帝陵

逐鹿之战发生前，炎、黄二帝之间爆发了阪泉大战，成为逐鹿之战的预演。

在各大部族中，炎帝和蚩尤是黄帝最大的两个对手，炎帝部族与蚩尤的九黎部族之间也并不和平。九黎首领蚩尤性格残暴，炎帝与之多次大战力不能敌，只好由陈地败退到阪泉（今河南省周口市扶沟县）一带安营扎寨，准备休整后再战蚩尤。而蚩尤在大胜以后更加踌躇满志，也打算休整一段再乘胜追击，一举歼灭炎帝，然后消灭黄帝。

黄帝看穿了蚩尤的阴谋，就召集谋士商计对策，决定先收服炎帝，然后再灭蚩尤。

黄帝为了和炎帝修好，先派遣使者从新郑来到阪泉，试图说服炎帝归顺，共同对付蚩尤。炎帝不仅没有采纳黄帝的建议，而且还准备在阪泉与黄帝大战。于是，黄帝亲自出征，率领数十万兵马，在阪泉之野摆开战场。

黄帝在这场战争中，“三战，然后得其志”。为了彻底征服炎帝，黄帝又派人劝说炎帝归顺，与之结盟。炎帝被黄帝的举措和诚意感动，于是同意结盟联合，甘愿称臣，发誓不再与黄帝抗衡。

阪泉之战以后，黄帝、炎帝连同分别从属于他们的一些部落结成联盟，形成了超越亲属部落联盟的新型联合体的雏形，确立黄帝的领导地位。黄帝与炎帝联合，组成炎黄部落联盟，声威大振，不久便与蚩尤部落开战。阪泉之战，这场发生在炎黄二族之间的兄弟之争，使炎黄集团合二为一，实现了华夏民族的第一次全面大融合。

历史拓展

《史记·五帝本纪》中对阪泉之战的记载：“轩辕之时，神农氏世衰，诸侯相侵伐，暴虐百姓，而神农氏弗能征。于是轩辕乃习用干戈，以征不享，诸侯咸来宾从……炎帝欲侵陵诸侯，诸侯咸归轩辕。轩辕乃修德振兵，治五气，艺五种，抚万民，度四方，教熊罴貔貅貙虎，以与炎帝战于阪泉之野，三战，然后得其志。”

涿鹿之战

为了赢得更大的生存空间，融合后的华夏集团开始沿着黄河两岸向华北大平原发展，而九黎部族的首领蚩尤也一直在从东向西前进。当九黎进入华北平

▲ 涿鹿黄帝城遗址

原后，与炎帝部落率先发生了冲突，结果蚩尤击败炎帝部落，占据了“九州”地区。炎帝向黄帝求援，黄帝为了维护整个华夏集团的利益，决定与炎帝联合，共同对抗蚩尤，将势力推向东方。双方在涿鹿大战，黄帝擒杀了蚩尤，后成为天下共主。

黄帝的传说，部族大战的爆发，反映出原始社会末期部族之间为争夺财富频繁战争的境况。黄帝通过武力征伐，建立起新的秩序，暗示着“英雄时代”的来临。涿鹿之战奠定了华夏集团控制中原地区的基础，被认为是华夏文明的奠基之战。大汶口文化晚期、龙山文化时期、屈家岭文化时期等遗址中都出现了大量防御性城堡，可与传说相互印证。

远古时期，传说和历史总是混杂在一起，你认为哪些部分是真实的，哪些只是人们的想象呢？

“五帝”禅让的神话

“五帝”指的是上古时代五位最具影响力的部落首领，他们大多都是黄帝一系的后代。“五帝”的人选在不同的史料中记载不同，因为这些人实为远古时期的部落首领或部落联盟首领，并不是实际君主数量，所以会有诸多说法。

上古“五帝”

“五帝”与“五氏”不同，年代要远远靠后。有一种说法，“五帝”指的是黄帝、太昊、炎帝、少昊、颛顼，在另一种说法中，“五帝”指的是黄帝、颛顼、帝喾、尧、舜，还有把大禹加入其中的，但无论哪一种组合，黄帝都是“五帝”之首，在“五帝”的传说里，黄帝的地位是超然的。

“五帝”与五方结合，因此有了黄帝居中，太昊居东，炎帝居南，少昊居西，颛顼居北的说法，在这种说法中，五帝并存，没有时间先后差别；而在“五帝”为黄帝、颛顼、帝喾、尧、舜的这一说法中，五帝是按时间先后顺序来排列的。

▲ 颛顼乘龙雕像

颛顼，号高阳氏，生于帝丘（今河南省濮阳县），也是原始社会末期一位重要的部族统领。按照《帝王世纪》的记载，他 20 多岁就

历史拓展

为了制止滥祀，颛顼下令，命南正重“司天以属神”，令火正黎“司地以属民”，即由重专职联系天上的神灵，由黎专职管理地下的百姓。从此，人与神之间的沟通都必须经过这两个人，而其他大小氏族之“巫”不许再假托天命。这就是关于颛顼命重、黎“绝地天通”的传说，《尚书 · 吕刑》和《国语 · 楚语下》都记载了这个故事。

历史拓展

“帝颛顼之法，妇人不辟男子于路者，拂之于四达之衢。”意思是妇女必须“避男于路”，否则将会受到刑罚。这是《淮南子 · 齐俗训》中的记载，说明正是颛顼确立了男尊女卑的社会原则，这一点与新石器晚期墓葬中男女不平等的现象也是相对应的。

登上帝位；少昊死后，共工氏与颛顼争夺帝位，最后颛顼打败共工，建立了自己的统治。他将蚩尤的后裔九黎族驱散，使之一部分逃到西方，一部分逃到南方，而华夏族则占领了黄河北岸的土地。

对于处于原始社会末期的部落贵族来说，依托于原始宗教的神权有利于维护自身的政治权威，颛顼的“绝地天通”，相当于垄断了日益增长的社会政治权力，是部落贵族确立权威的一种表现。这表明原有的氏族成员平等原则正在瓦解，政治权力被少数贵族垄断的局面正在形成。

帝喾，黄帝曾孙，号高辛氏，出生于高辛（今河南省商丘市睢阳区高辛镇）。帝喾前承炎黄，后启尧、舜，奠定华夏根基，是华夏民族的共同人文始祖，也是商、周两朝先祖。

▲ 帝喾像

少昊，己姓，名挚，是东夷部落首领，这是比较主流的一种说法，也有说法称少昊是黄帝后裔，姬姓，名玄嚣。在中国神话体系中，少昊是五方天帝之一的西方之神，为金星的化身，又称白帝。

方五帝神眾

“帝”字也可作为祖先神的别称，这三帝彼此年代并不连续，史料也并没有明确的记载。从黄帝到帝喾，年代久远，难以考证，据说黄帝的时代是在公元前2700年左右。

禅让的传说

原始社会末期，战争频繁爆发，部落军事首领不断扩大自己的权威，加速了氏族制度的瓦解，早期的国家政治体制逐步确立起来。早期国家移交政治权力的方法是“禅让”，被封建社会视为完美的政治典范。禅让，即统治者生前活着的时候把首领之位让给别人。禅让制度在后世文明程度相对较低的游牧民族中一直存在，如乌桓、鲜卑、契丹、女真和蒙古族等，这体现了原始社会古老的民主原则。

传说中，尧、舜、禹都是黄河流域杰出的部落联盟首领。尧帝，据说是帝喾之子，十五岁时改封于唐地，所以尧号曰陶唐氏，由于他德高望重，人民对

▲ 尧庙

他十分爱戴。根据《尚书·尧典》以及《史记·五帝本纪》的记述，晚年时，尧帝与各部落首领一起讨论继承人人选，人选范围十分广泛，大家共同推举了舜。随后，尧对舜进行了考察。他将自己的两个女儿嫁给舜，看他是否懂得治家；再任命他为司徒，观察他是否有治国能力；最后又让舜独自进入山林川泽，考察他在恶劣环境中的生存能力。经过三年各种各样的考察，尧同意将舜立为继承人。舜在尧没有去世时，只是代行权力，等尧去世后，才正式登上帝位。

▲ 尧舜天日石雕

传说中，舜的相貌与常人不同，两眼都是双瞳仁，故名重华。他同样是一位贤明的首领，年幼时以孝道闻名，成为首领后政绩突出，选贤任能，他命禹担任司空，治理水土；命弃担任后稷，掌管农业；舜命契担任司徒，推行教化；命皋陶担任“士”，执掌刑法；命垂担任“共工”，掌管百工；命益担任“虞”，掌管山林；命伯夷担任“秩宗”，主持礼仪；命夔为乐官，掌管音乐和教育；命龙担任“纳言”，负责发布命令，收集意见。还规定三年考察一次政绩，由考察三次的结果决定提升或罢免。

舜与尧一样，都是先秦时期儒墨两家推崇的古昔圣王，而舜因为以孝著称，更为儒家所推崇。禅让的传说，表明古老部落的民主原则还在影响着新的政治体制的发展，甚至一直持续到周代，仍有一定的影响。

你觉得禅让制为什么无法再延续下去？

第二章

青铜时代的序幕：夏朝

从公元前2070年夏王朝建立，到公元前771年西周王朝灭亡，夏、商、西周的历史有1200多年，这段时期在历史发展中占有独特的重要地位。中国文化肇自远古，但文化精神的确立可以说是奠基于“三代”。夏王朝是我国历史上第一个奴隶制国家，它的建立标志着我国历史正式进入了文明时代。

夏王朝的建立

夏朝是中国史书中记载的第一个世袭制朝代，存在时间约为公元前2070～公元前1600年。史学家们大多将夏朝的开始从夏禹算起，所以夏朝共传十四代、十七王，延续约471年，为商朝所灭。后人常以“华夏”自称，使之成为中国的代名词。

大洪水时代：大禹治水

在很多古老的文明中，都不约而同有着“大洪水”灾难的记载。中国的“大洪水时代”发生在尧帝在位期间。

▲ 尧帝

夏族为姒姓，是居住在黄河中游的一个古老部落。到姒鲧时，夏部族已经成为黄河南岸的著名部落，称有崇氏，首领姒鲧又称崇伯鲧，是禹的父亲。

姒鲧善于治水声名在外，但他过去治理的都是小河流。这次的大洪水是全国各地许多河流共同爆发，但他依然使用治理小河流的方法来治理大河流，把力量集中在修筑堤防上，希望能阻挡水势，结果事与愿违，堤坝不能阻遏汹涌的洪水，不断溃决，九年时间过去，水灾依然泛滥。

姒鲧因治水不利被治罪，他的儿子禹继续治水。大禹总结父亲的治水经验，改变了治水的思想，将“围堵障”的方法改为“疏顺导滞”，利用水自高向低流的自然趋势，顺地形把壅塞的川流疏通，

历史拓展

在大禹治水的过程中，留下了许多感人的事迹。相传他借助自己发明的原始测量工具——准绳和规矩，走遍大河上下，用神斧劈开龙门和伊阙，凿通积石山和青铜峡，使河水畅通无阻。

▲ 大禹治水

最后把洪水引入疏通的河道、洼地或湖泊，汇入大海，终于平息了水患。

为了疏导河道，大禹手脚都长出了厚厚的茧子，他遇山开山，三过家门而不入，足迹遍布天下，历时 13 年才治水成功。他的辛苦和功绩被人们牢记和传颂，人们称他为“神禹”。

天下九州

禹治理黄河有功，受舜禅让而成为新的首领，并在有崇部落活动的中心嵩山之阳建都阳城（今河南省登封市），后又迁往阳翟（今河南省禹州市）。他征伐苗黎，获取了大量的俘虏和财物，最终将苗黎驱赶到长江流域以南，使之再不能轻易侵扰中原。至此，炎黄部族在中原的地位便更加稳固。

▲ 大禹像

在治水的过程中，禹可以说走遍了天下，对各地的地形、习俗、物产等皆了如指掌。禹重新将整个天下规划为九个州，并制定了各州的贡物品种。他还聚集各地金属，铸造了九鼎，鼎上铸着各州的山川名

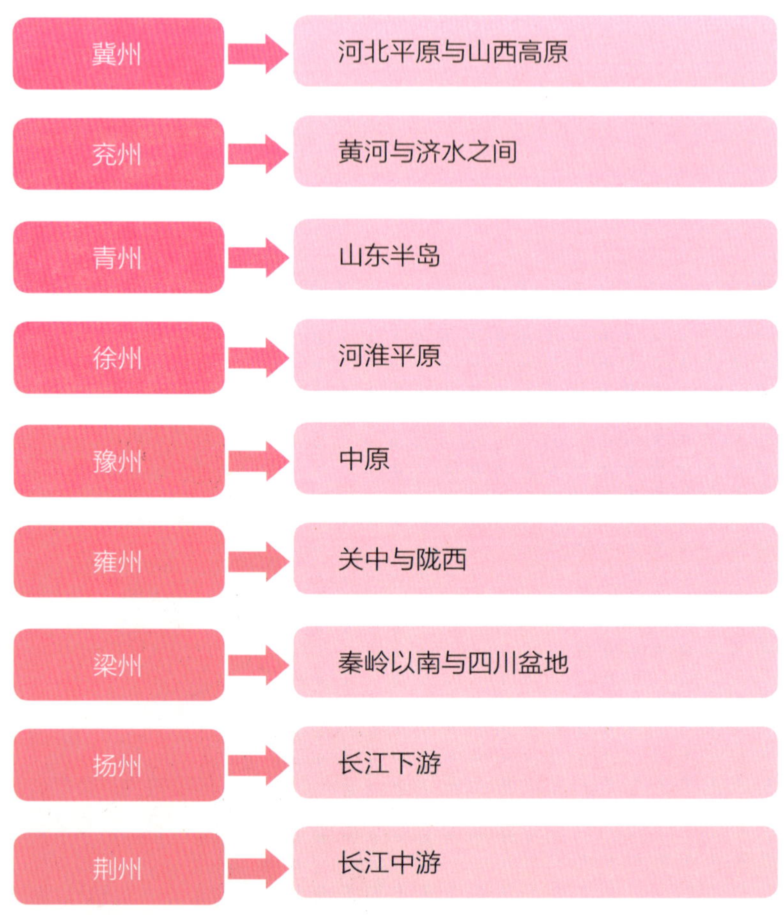

▲ 禹将天下划分为九州

物、珍禽异兽。九鼎象征着九州，其中豫州鼎为中央大鼎。九鼎集中于夏王朝都城阳翟，借以显示大禹成了九州之主，天下从此一统。九鼎继而成为“天命”之所在，是王权至高无上、国家统一昌盛的象征。

这是中国把行政区域正式称为“州”的开始。九个州的州名，此后一直沿用，但所辖的区域在不同历史时期各有不同，范围也越来越小，最后小到甚至只是一个城市。

除了划分九州，禹还在淮水下游的涂山（今安徽省蚌埠市）召开了大会，命其他邦国君主或部落首领从四方来朝见、进贡，巩固权威，这就是涂山之会。涂山之会被认为是夏王朝建立的标志。

《礼记》礼运篇中说“今大道既隐，天下为家。各亲其亲，各子其子，货力为己……”这是在说禹的时代是财产公有向私有转变的时代。俘虏、奴隶、财物都是如此，而王权，也不会是例外。

夏朝建立

作为推举出来的“王”，禹可以召集各地诸侯会盟。有一次，禹为祭祀活动召集各诸侯，防风氏首领因迟到而被诛杀。禹不但制定了《禹刑》，征讨四方小国，还分封了大量氏族，并赋予他们不同的职责，如后来灭夏的商族的首领冥是夏朝的水官，负责治水的相关事宜；封父的部落是专门制作良弓的；周族的先祖曾任农官，管理田地种植一类的活动。

据说禹在位只八年，他一百岁时，出巡到会稽（今河南省洛阳市伊川县），死在那里。夏禹在生前也按照传统“禅让”制度立东夷族首领益为继承人，但益

▲ 禅让制岩雕

历史拓展

《尚书·甘誓》一篇，是夏启讨伐有扈氏，在甘地发布的临战誓词。这篇誓词包含两层意思：第一，宣布有扈氏“威侮五行，怠弃三正”的罪行，对其讨伐是代天行罚。第二，申明军纪和赏罚。

并没有建立过显赫的功绩，因而不能使四方诸侯信服。禹的儿子启与益为争夺权位发生冲突，启杀死了益，即帝位。

启即位后，废除了“禅让”制度，建立了帝位传子的世袭制。禹是夏的创建者，但夏朝的最终确立，却是以启废除禅让制、开创世袭制为标志。这种改变，标志着一个旧时代的结束和一个新时代的开始。

启继位后，受到有扈部落（位于渭河流域中下游）为首的各部族反对，有扈部落宣布独立，启立刻对其讨伐，并在甘邑（今陕西省西安市鄠邑区）与之会战，史称“甘之战”。有扈部落战败，整个部族沦为启的奴隶。

启的胜利稳固了自己的地位，禅让制从此被取消，“公天下”变为“家天下”。中国原始社会部落联盟的社会组织形态宣告结束，“国家”这一新型的社会政治形态正式确立。夏朝完成了国家的建立，推动了中国历史的沿革发展，从此，奴隶社会取代了原始社会。

你认为禅让制被取代的真正原因是什么？

太康失国与少康中兴

太康，夏启长子，夏朝第三任夏王。根据记载，夏启本人喜好歌舞，沉湎酒色，生活放纵，其子太康即位后有过之而无不及，骄奢更甚，他在即位后将都城从阳翟迁往斟寻（今河南省偃师市二里头村附近），最终导致“太康失国”，这也是夏王朝初期的最重大事件。

后羿代夏

夏启死后，其子太康继承王位。太康爱好打猎，疏于政事，常常离开都城数月去洛水北岸田猎。时间一长，政事荒废，民怨沸腾。

太康在位期间，夏氏族逐渐势微，东夷部落趁机向西扩大自己的势力。东夷部落有穷氏的首领羿擅长射箭，他率自己的部族迁往夏后氏的属地，并与当地的夏人通婚，逐渐打下根基，扩大了自己的影响力，进而在夏民的拥护下夺取了政权。

一日，太康打猎归来，猎物满载，却得知羿已经发动政变，夺取了都城，太康只好投奔斟寻氏。羿虽然夺得政权，却并没有称王，而是立太康的弟弟仲康为王，作为傀儡，国中大事全由羿来处理。羿的代夏之举引起了羲、和二氏的公开反对，于是羿派兵镇压，战前以《胤征》为誓师辞，并很快取胜。

历史拓展

“羲和湎淫，废时乱日，胤往征之，作《胤征》。”这是《尚书·胤征》的第一句话。古代发起军事征讨行为之前，都要发布昭告，说明征讨的原因，表明自己的正义性，强调此次行动并非是为一己之私，而是为了大众利益。征讨的主将名为“胤”。其他类似的还有《汤征》，“汤征诸侯，葛伯不祀，汤始征之，作《汤征》”。

太康和仲康死后，仲康之子相继位。两年后，相被罢黜并放逐到斟灌（今山东省荷泽市曹县），后羿代夏自立。

太康的五个弟弟和母亲也被赶到了洛水边，他们想起太康荒废国事，乃至被后羿驱逐，心中悔恨，又想起先祖大禹的告诫，于是作了一篇《五子之歌》，表达了五个人的悔意。

历史拓展

《五子之歌》出自《尚书》中的《夏书》，这是中国最早的帝王亡国的叹息，体现了中国最早、最原始的政治思想，即歌中所写“民惟邦本，本固邦宁”。

寒浞杀后羿

羿在得到夏地并独揽大权后，也和太康一样，沉迷狩猎而逐渐荒废国事。以前忠于羿的大臣武罗、伯困、龙圉等先后被他废弃，羿反而重用起一个名叫寒浞的人。寒浞年少时被伯明氏驱逐，幸而被有穷氏收养，长大后很受首领羿的重用，甚至将国事都交给寒浞处理。寒浞是有心之人，他一直在培植属于自己的势力，羿却毫无所知。终于，寒浞趁羿外出田猎时将羿以及他的家人杀掉，夺取了羿的权力。寒浞把“戈”地（今河南省商丘市、新郑市之间）封给了他的儿子豷，把“过”地（今山东省莱州市西北）封给了他的另一个儿子浇。

历史拓展

寒浞，伯明氏之谗子弟也。伯明后寒弃之，夷羿收之，信而使之，以为己相。浞行媚于内而施赂于外，愚弄其民而虞羿于田，树之诈慝以取其国家，内外咸服。羿犹不悛，将归自田，家众杀而烹之，以食其子。其子不忍食诸，死于穷门。靡奔有鬲氏。浞因羿室，生浇及豷。

——《左传 · 襄公四年》

寒浞虽然是胜利者，但他继位后统治残暴，遭到民众反对，一些王朝老臣目睹寒浞的暴行，纷纷投奔他处，为恢复夏王朝做着准备。

矢志复国

太康失国让夏朝的统治中断了 40 余年。曾被羿立为傀儡的仲康虽死，但其子相一直在东方发展着自己的势力。他与同姓诸侯斟寻氏、斟灌氏联合，先后进攻风夷、淮夷，取得了一系列胜利。寒浞一直对夏有所防备，命其子征伐在斟寻氏躲避的相。为了防止夏朝东山再起，寒浞派自己的两个儿子杀掉了相，灭掉了与之相结盟的斟灌氏和斟寻氏。

相死时，其妻缗怀有身孕。缗逃回娘家有仍氏，不久生下相的遗腹子少康。少康自幼聪明过人，长大后还担任了有仍氏的牧正。看他已长大成人，母亲就将身世告诉了他，他决心奋发图强，报仇复国。当他十五岁时，寒浞听说了少康的存在，便向少康母亲的部落有仍氏讨要少康。有仍氏不敢得罪寒浞，但又不愿交出少康，只好让母子二人赶紧逃走离开。少康和母亲辗转来到了有虞国（今河南省商丘市虞城县东），这里是舜帝的故乡。得知少康身世，虞国国君决定收留二人，并让少康担任庖正（掌管饮食之官）。

几年过去了，少康表现很好，虞国君主把自己的两个女儿许配给了他，还给了他封地和奴隶。少康治理封地井井有条，但他的心里始终没有放弃复国。他招集了许多从寒浞残暴统治下逃出的旧夏朝官员和百姓，与逃亡有鬲氏的夏臣伯靡建立了联系，不断组建和发展自己的武装力量。

为了解敌人的动向，少康派心腹季抒和女艾两个人分别投奔寒浞的两个儿子，当作间谍，伺机行动。后来，少康终于抓住了机会，利用行刺的方法除掉了浇，进而攻灭了豷和寒浞。

历史拓展

相传少康落魄时做了很久的厨师，偶然发现粮食放久后产生的浆水甚为甘美，便反复钻研，发明了原始的酿酒术，成为酿酒业的始祖。少康的别称，便是“杜康”。

历史拓展

昔有过浇杀斟灌以伐斟鄩，灭夏后相。后缗方娠，逃出自窦，归于有仍，生少康焉，为仍牧正。惎浇能戒之。浇使椒求之，逃奔有虞，为之庖正，以除其害。虞思于是妻之以二姚，而邑诸纶，有田一成，有众一旅。能布其德，而兆其谋，以收夏众，抚其官职；使女艾谍浇，使季杼诱豷，遂灭过、戈，复禹之绩。

——《左传·哀公元年·吴许越成》

历史拓展

女艾是一名女性将领。在夏商时期，女性是可以领兵作战成为将领的。她接受任务后，便乔装打扮来到寒浞的统治中心，四处打探消息，了解民情。女艾由此成为中国历史上第一位女间谍，而且也是世界上有记载的最早的一位女间谍。

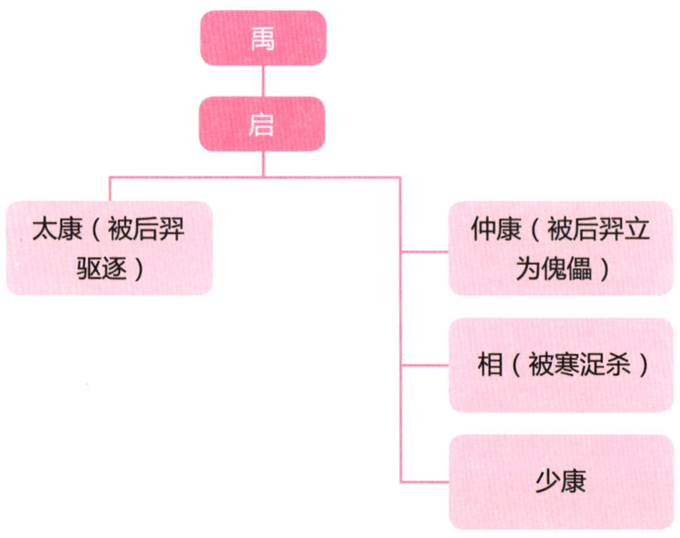

▲ 少康复位图

不久，少康终于等到了复国的机会，他联合夏室遗臣靡以及残余的斟寻氏部族，毫不费力地收取了浇和豷的领地，然后带兵入宫，杀死了寒浞和豷，宣告东夷有穷氏的覆灭，夺回天下，恢复了夏朝的统治，结束了“无王”时期，成为夏朝第六位君主。少康自幼吃了很多苦，了解民情，勤于政事，颇有贤名，夏朝很快繁荣安定起来，原先敌对的夷族也纷纷臣服，史称“少康中兴”。

太康为什么失了国？少康为了复国都做了哪些努力？

夏王朝的君主们

少康死后，帝杼、帝槐使国力进一步发展，夏王朝达到鼎盛。再经芒、泄、不降、扃几世，到帝廑继位时期，据说天上竟然出现了“十日并出”的异象。在帝廑死后，其堂兄弟孔甲成了夏第十四任君主，夏朝逐渐衰微，开始走向灭亡。

帝杼

为了巩固夏在东方的势力，少康之子杼将都城东迁。杼还格外重视制造兵甲和武器，他派人讨伐东夷，将夏朝版图扩大到东海（今黄海）之滨。在夏人心中，杼几乎全面继承了禹的事业，而杼在位期间也是夏朝最昌盛的时期。

孔甲好龙

孔甲性情乖僻，迷信鬼怪，其父姒不降临终前将王位内禅给弟弟，也就是孔甲的叔父姒扃。姒扃死后，姒扃的儿子即孔甲的堂兄弟姒廑继位。姒廑死后，才由孔甲继位。孔甲不仅生活淫乱，懈

历史拓展

所谓十日并出，应该是在映射夏王朝中期出现的激烈的王位争夺。以此为标志，夏王朝开始走下坡路。

历史拓展

《世本》中有“杼作甲”“杼作矛”的记载。《墨子》中也说，“古者羿作弓，杼作甲，奚仲作车，巧垂作舟。”杼，指的就是夏朝第七位君主杼，他曾随父亲少康攻打东夷。由于东夷人擅长射箭，杼的士兵遭受攻击，无法前进。为此，他用兽皮制做成甲，兵士穿上甲后，能格挡敌人的刀砍箭射，最终，身穿铠甲的夏人终于灭亡了东夷。

历史拓展

远古之时，人们相信可以借助某些神奇之物直接登天与神交流，孔甲好龙实际上说的是他信奉巫术。《国语·鲁语》中记载，“孔甲乱夏，四世而陨”。孔甲是夏朝走向灭亡的转折点，孔甲之后第四代就是暴君夏桀，也是夏朝的亡国之君。

怠朝政，还极为迷信鬼怪之事。据说孔甲在位时，上天曾降两条龙于河（指黄河）汉（指汉水）之滨，孔甲坚信可乘龙上天，特意任命陶唐氏的后裔刘累为豢龙之官，赐名“御龙氏”，还强夺了豕韦氏的封地赐给刘累，天下诸侯为之不平。孔甲被认为是夏朝走向灭亡的转折点。

暴君夏桀

孔甲之后，帝皋、帝发和帝癸先后继位。帝癸就是历史上著名的夏朝末代君主夏桀。据说夏桀非常聪明，勇武有力，但他不修德政，大肆搜刮民脂民膏。夏桀在即位后的第三十三年，发兵征讨有施氏，有施氏为免于灭族，便进贡给桀一个美女，名为妹喜。桀对妹喜十分宠爱，越发不思进取，骄奢淫逸。按照《竹书纪年》的记载，他“筑倾宫、饰瑶台、作琼室、立玉门”，还广寻美女，藏于后宫，日夜与妹喜及宫女饮酒作乐。据说桀建造了一个巨大的酒池，甚至可以在里面行船，酿酒残剩的酒糟堆放足有十里。

▲坐于女仆背上的夏桀王

历史拓展

时日曷丧？吾与汝偕亡！这句话出自《商书·汤誓》。文中提到“夏桀的罪行到底怎么样呢？”而夏民愤怒地回答：“这个太阳什么时候才能消失？我们宁可和你一起灭亡！”

大臣关龙逢向他劝谏说：“做天子要谦恭而守信，节俭又爱才，这样天下才能安定，如今像你这样行为，怕是天下危险了！”夏桀听后大怒，他骄横地宣称：“天上有太阳，我就是国家的太阳，

▲ 夏代灰陶绳纹鬲

太阳灭亡，我才会灭亡！”

太史令终古也进宫向夏桀进谏，警告他再这样下去，早晚会亡国。夏桀听了很不耐烦，斥责终古多管闲事。终古看夏桀已无可救药，于是投奔了商汤。不久后关龙逄被杀死，再也无人对夏桀劝谏，夏朝朝政更加腐败，夏桀也日益失去人心，众叛亲离，诸侯们纷纷反叛。夏桀不断发动战争，虽然取得了胜利，但也在不断地消耗国力。不久，夏朝的统治中心伊洛一带发生旱灾，河水干涸，这对夏朝又是一次沉重的打击。

公元前 1600 年，商汤在名相伊尹谋划下，起兵伐桀，汤先攻灭桀的党羽韦国、顾国，击败昆吾国，然后直逼夏朝重镇鸣条（今河南省新乡市封丘县东，一说山西省运城市西）。夏桀身死，夏朝灭亡。

夏朝灭亡的原因是什么？如果没有暴君夏桀，那么夏也会灭亡吗？

夏王朝文明面面观

由于历史久远，有关夏王朝的史料记载相当贫乏。《尚书》中所提及的内容，有的出自当时史官的记录，有的则出自传球战国时人的记述，具有不同的参考价值。《诗经》中编录的上古时期的诗歌也能从侧面反映当时的社会生活，《周易》中也记载了一些历史故事，具有一定的史学价值。有关夏代的考古成就主要有河南偃师的二里头遗址、山西夏县东下冯遗址等。

夏朝的疆域

夏王朝是第一个奴隶制国家，初建立时，国家制度并不完善。夏氏族与其他部落城邦的关系并不紧密，更像是宗主国和朝贡国，但又有些方国是受夏室分封的，就如同诸侯国，故仅能以势力范围来表示其影响力。夏氏族中的十一支姒姓部落与夏后氏中央王室在血缘上有宗法关系，政治上建立了分封关系，经济上维持着贡赋关系，大致构成了夏王朝的核心领土范围。

“方国”是由原始氏族部落转化形成的小型国家。这些方国位于王畿之外，不受夏后氏直接管辖。有些方国只是大的部族，也有一些较大的方国已经建立了国家组织，规模甚至大于夏后氏，例如后羿的有穷氏，少康曾投奔的有仍氏、有虞氏等。

夏、商、周王朝中央王室都没能够对疆域实行集中统一管理。它们的行政区都由两部分组成，一为天子直接管辖的“王畿”，一为天子以分封或承认地方诸侯的方式实行间接统治的区域。中央与地方的力量此消彼长，《史记》中对殷商的描述“殷道衰，诸侯或不至……殷复兴，诸侯归之”则反映了这一现实。

夏王朝的统治区域，主要在今河南的嵩山至伊水、洛水流域一带，晋南也是夏人活动的重要地区。夏王朝最东部的边界，已经到达河南的东部与河北、山东交界的地方。

夏朝社会状况

在并不完善的奴隶制国家夏王朝，王是最高阶层，下面有六卿、百尹协助管理政务；有一支规模较大的军队，有赋税制度和贡赋制度。夏朝出现了我国第一部奴隶制法典《禹刑》。

夏朝社会贵贱分明，由三大阶级组成：奴隶主、奴隶和平民。奴隶主大多是由父系氏族社会末期的氏族贵族和部落首领转化而来。他们占有大量财富，在战争中扩大权力，最终转变为占有全部生产资料和完全占有生产者本身的奴隶主阶级，成为社会的统治者。

奴隶主要是由氏族部落之间的掠夺战争中得到的俘虏转化而来，也有一部分氏族公社的贫苦社员沦为奴隶。在夏代，奴隶的称呼繁多，从事农业生产的称“民”“黎民”“众人”“众”；奴隶主家中的奴隶则称“臣”（男性）和“妾”（女性）。

作为会说话的工具，奴隶需要整日在农田里耕作、放牧，从事各种繁重的体力劳动，而奴隶主可以随意对其进行惩罚，或重刑杀害。

《夏小正》

夏代末期的帝王如孔甲、癸等常以天干为名，说明当时用天干作序数已经颇为普遍。夏代历法是我国最早的历法。夏历就是以北斗星旋转斗柄所指的方位来确定月份。

《夏小正》是中国现存最早的一部农事历书，正文共463字，按夏历十二个月分别记载每月的物候、气象、天象和重要经济活动，主要是有关生产的农耕、蚕桑、养马以及采集、渔猎等活动。

历史拓展

《夏小正》的具体内容最早收录于西汉礼学名家戴德编选的《大戴礼记》中，而《夏小正》这一名称最早出现在《史记·夏本纪》中。《史记·夏本纪》记载：“孔子正夏时，学者多传《夏小正》云。”正，就是“政”；小政，用来形容农事。“国之大事，惟祀与戎”，古代祭祀及战争为“大正”，而以农、渔、猎及经济生活为“小正”。

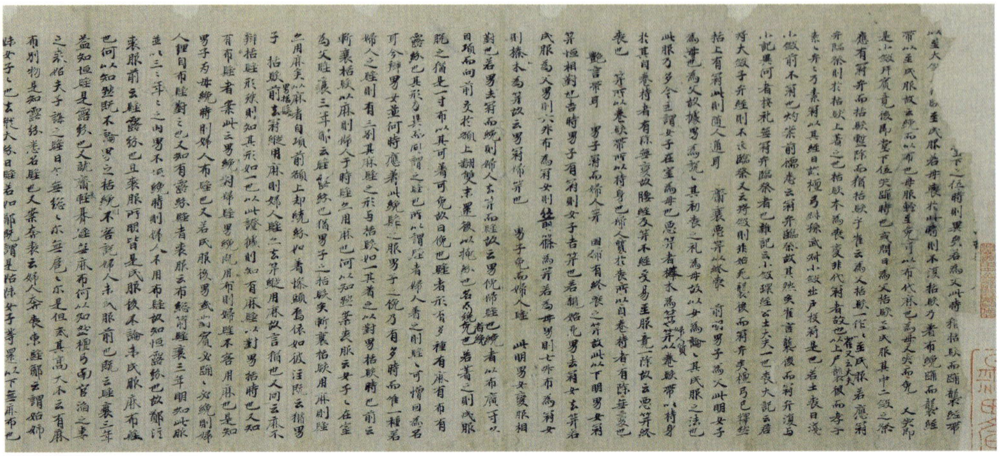

▲《大戴礼记》

相传此书由春秋时期孔子和他的弟子们编辑整理，综合了夏代至春秋时期历法知识，有些篇目反映了夏朝的真实情况。唐朝时此书已散轶，现存的版本是由宋朝人重新编辑的，不过仍在一定程度上反映了夏代历法和农业发展水平，并且保存了我国最早的天象历法资料。

有学者认为，《夏小正》原是把一年分为十个月的太阳历，今本《夏小正》把一年分为十二个月是后人添加的；主要是因为《夏小正》有星象记载的月份只有 1 到 10 月，11 月和 12 月没有星象记载。这一观点已经被普遍接受。

禹刑

为了纪念开国君主夏禹，夏代刑法总称为禹刑。《尚书大传》中记载："夏刑三千条。"《左传·昭公六年》中记载："夏有乱政，而作禹刑。"但禹刑的具体内容已散佚。汉代之后的典籍说夏朝的刑条有很多，东汉郑玄说："夏刑，大辟二百，膑辟三百，宫辟五百，劓、墨各千。"说明夏朝已经有了"五刑"。总的来说，《禹刑》的性质相当于现代的刑法典。

历史拓展

五刑是中国古代五种刑罚的统称。在西汉汉文帝前，五刑指墨、劓、刖、宫、大辟，此为"奴隶制五刑"；隋唐之后，五刑则指笞、杖、徒、流、死，此为"封建制五刑"。五刑是对中国古代刑罚的部分概括，并不代表全部刑罚制度。自夏以后，商、西周及春秋之际，奴隶制五刑一直被作为主体刑而广泛使用，汉文帝时期因缇萦上书而被废除，被封建制五刑取代。

夏代的农业和畜牧业发展

通过对洛阳偃师二里头文化遗址的考古发现，夏朝生产工具仍以木、石、骨、蚌为主。二里头文化遗址中出土了各类生产工具，如石斧、石镰、石刀、石铲、蚌镰、蚌刀、蚌铲以及骨铲等。根据文献记载，木质工具的使用在夏朝也十分普遍，缺少证据可能是由于木器容易腐朽，难以保存至今。

夏代的水利灌溉已经有了较大发展，与大禹一起治水的伯益还发明了凿井。凿井的发明为北方地区灌溉农业的发展提供了便利条件，也开拓了人类的生存空间。

畜牧业在古代经济生活中占有重要地位，如“牧正”一职，专司畜牧，说明畜牧业有专门的官员管理。

夏代建筑业

夏代二里头遗址中的一号宫殿坐北朝南，夯土台基面积超过 10000 平方米，并建有成体系的建筑群，包括堂、庑、门、庭等。在夯土台基中部偏北，有一座殿堂建筑基址，以三层鹅卵石加固，内有排水系统，南北两面均发现 9 个大柱洞。有学者认为，这座殿堂应该是一座四坡出檐式建筑。当时还没有瓦，屋顶应为茅草覆盖。夯土台基的四面还有回廊的墙基基址，大门位于南端。

夏代二里头遗址中的二号宫殿与一号宫殿相距 150 米，台基上的建筑主要由中心殿堂、庭院、大门以及廊庑组成，不同的是，二号基址在殿堂和北墙之间还建有一座大墓。中心殿堂基址四周兼有围墙，其中东、西、南三面围墙是回廊建筑。东墙遗址有 4 个缺口，应为门道，门道下发现有陶质水管。二号宫殿的大墓位于殿堂北面，距北墙仅 0.9 米，因此，二号宫殿推测应为宗庙或陵寝一类的建筑遗存。

从两座宫殿的位置看，二者并非独立的建筑，而是一组建筑中的不同组成部分，如此庞大的建筑的存在，说明二里头应是夏代的一座都邑遗址。

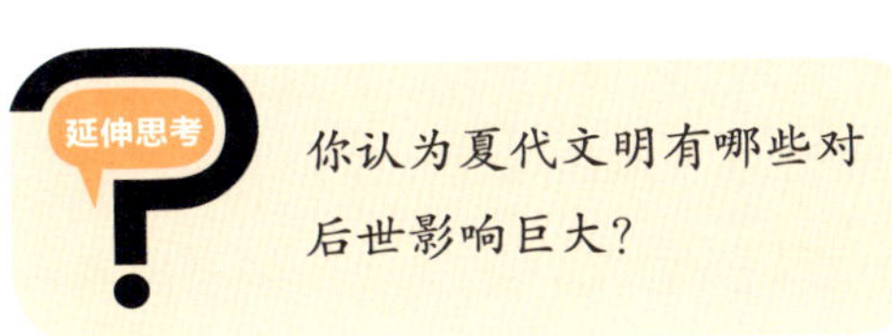

 夏朝的手工业和青铜文化

夏朝手工业除了制陶业外，还包含青铜器、玉器、骨器以及蚌器的制造业。相对于新石器时代晚期，夏朝手工业取得进一步发展，特别是一些手工业部门日益专门化，从农业中分离了出去。

夏朝的手工业

陶器，是夏人的主要生活用品。二里头文化遗址出土的器物以陶器数量最多，种类也相当丰富。陶器多呈灰黑色、灰色或黑色，质地坚硬；陶器表面常见有云雷纹、曲折纹、叶脉纹以及各种动物形纹，这些装饰花纹在后来的铜器上也常常见到；器形品种有炊器、饮器、食器和盛储器等三十多种。特别是有些造型美观，制作精湛，胎质细腻、薄如蛋壳，器表漆黑发亮的磨光黑陶器，只有具备烧陶丰富经验和高超技术的人才能烧制出来，因此制陶业应该已成为夏朝独立的手工业生产部门。

▲ 夏朝陶盆

最有特色的陶器叫做“瓦足皿”，看上去像平底盘，用于盛装食物，而下面

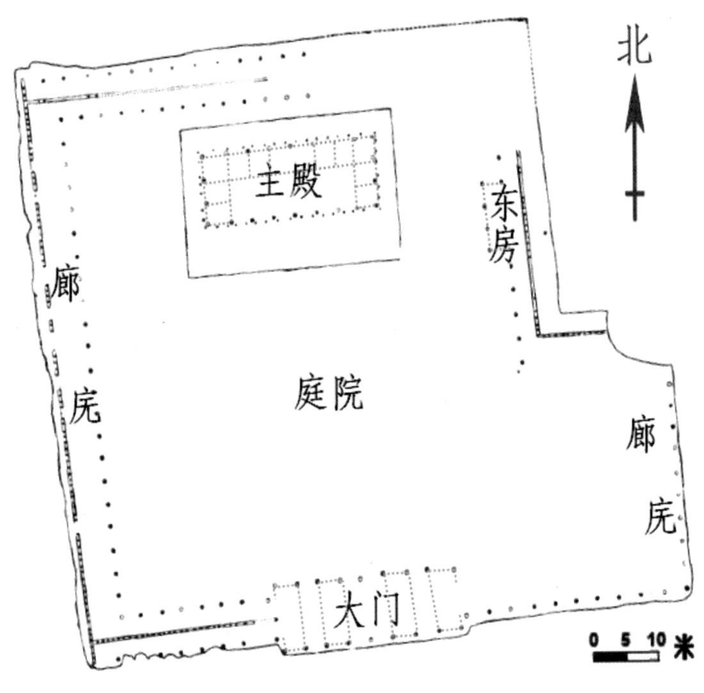

▲ 二里头遗址 1 号宫殿地基图

有三个瓦足，用以支撑。瓦足皿在山东、河北都曾发现过，在陕西、甘肃等地未被发现，说明二里头文化和东方、北方文化始终保持着密切的交流。

夏代的遗址中没有发现较大的青铜器，但在二里头文化遗存中已发现青铜铸造的刀、锥、锛、凿、镞、戈、爵等工具、武器和容器，同时还发现有铸铜遗址，出土有陶范、铜渣和坩埚残片，这都说明金属冶炼已经开始。出土的铜容器系采用复合范铸成，反映当时的铸铜工艺已有了一定的规模和水平。

二里头文化遗址中出土的玉钺、玉铲、玉戈、玉圭、玉刀、玉板等玉器，有的是作为礼器，有的单纯是装饰用品；还有一些骨器、蚌器等出土，说明夏朝玉器、骨器以及蚌器制造业都很发达。

漆器制作也是夏朝手工业的重要组成部分。二里头遗址中出土的有漆盒、漆豆、漆鼓等漆器，说明漆器在夏朝日常生活中应用较为普遍。

青铜器的萌芽阶段

中国青铜文化的发展一般分为三个阶段：萌芽期、鼎盛期和转变期。萌芽期是指龙山时代，距今约 4500～4000 年；鼎盛期即中国青铜时代，包括夏、商、西周、春秋及战国早期，延续时间约 1600 余年；转变时期指战国末期至秦汉初

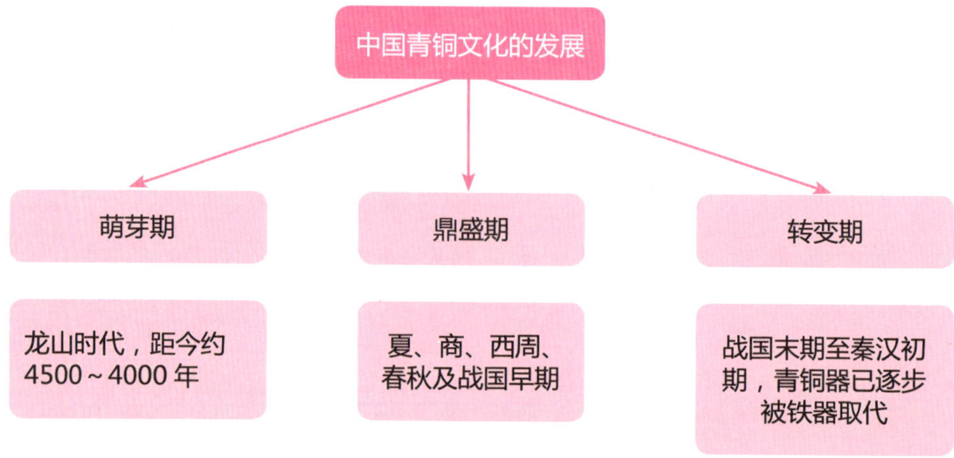

▲ 青铜文化的发展

期，青铜器已逐步被铁器取代，不仅数量上大减，而且也由原来的礼乐兵器、祭祀工具演变成日常用具，其相应的器别种类、构造特征、装饰艺术也发生了转折性的变化。

早在尧舜禹时期，人们已开始冶铸青铜器。在龙山文化时期黄河、长江中下游地区的几十处遗址里，考古人员都发现并挖掘出了青铜制品。

这个时期的青铜制品并不是都以青铜为原料，而是青铜与红铜并存。甘肃、青海、宁夏一带的齐家文化，有好几处墓地出土了刀、锥、钻、环和铜镜，在制作技术方面，有的是煅烧的，有的是用范铸造的，都比较先进。

这个阶段的青铜制品类别较少，多属于日常工具和生活类用品。另外，此时的青铜器还没有等级之分，普通民众也使用青铜制品。该时期的青铜器多朴实无饰，纹饰花样较少，即使是有纹饰的铜镜也仅为星条纹、三角纹等简单的几何纹饰。

历史拓展

龙山文化主要分布于黄河中、下游，是中国原始社会逐步瓦解并迈向文明时代的历史时期。齐家文化是以中国甘肃为中心地区的新石器时代晚期文化，处于铜石并用阶段，距今约4000年左右。在墓葬中发现的红铜制品，反映了当时生产力水平的提高，为后来青铜文化的发展奠定了基础。齐家文化的房屋多为半地穴式建筑，居室铺一层白灰面，既坚固美观，又可以防潮湿。

夏代的青铜文化

大约在公元前 21 世纪时，居住在黄河中下游地区的夏族首领大禹，被推举为天下共主。禹废止“禅让”制度，死后传位于其子启，建立了中国历史上第一个奴隶制王朝——夏，中国古代社会从此进入文明时代。青铜器的出现和使用是人类进入文明社会的标志之一。

“器以藏礼”就是指把形制有别、大小各异的青铜器皿进行不同的组合与搭配，用以规范不同人物在社会中的地位，显示贵族的权威和地位。此时，作为财富象征的青铜器，既是社会等级和身份的象征，被广泛地用于祭祀、征伐、宴飨、婚冠、丧葬等活动，又成为夏代礼制形成的标志。夏代礼制的形成，开创了中国夏、商、周时期的礼制文化。

巴蜀之光：三星堆遗址

炎黄两个部族合并发展为华夏族，华夏先民主要生活在黄河流域。而在广阔的中华大地上，还生活着许多不同的古老部族，一代一代逐渐融入到华夏民族里。传说蜀人的祖先原本是生活在黄河中上游的古代羌族的一支，他们沿岷江流域南迁来到四川盆地，并在成都平原建立了自己的国家，也就是古蜀国，后被秦始皇所灭。

三星堆遗址属于古蜀国文明，位于今四川省广汉市西北的鸭子河南岸。三星堆遗址中出土文物总数

▲ 成都三星堆出土的青铜面具

达数千件，出土青铜制品包括各种人物、动物、植物青铜像，是中国目前所见数量最多、形体最大的青铜雕像群。

三星堆出土巨型青铜面具共 3 件，其中 2 件略小。比较大的一件堪称经典，人物面具有粗粗的眉毛，大大的眼睛，睛部横着向外突出，鼻梁高耸，嘴唇阔宽，唇形轮廓分明，嘴角微微上扬；还有一对离奇的大耳朵，在额部正中，两侧均有长方形穿孔。人物面具略带微笑，显得很神秘。据《华阳国志·蜀志》记载："蜀侯蚕丛，其目纵，始称王，死作石棺，石椁，国人从之。故俗以为石棺椁为纵目人家也。"这个夸张造型的面具被认为是第一代蜀王蚕丛的形象。

三星堆还出土青铜神树 2 株。树下有圆形底座，树干挺直，上爬一个头向下而尾朝上的龙，枝上各立一鸟，树上还挂有铜铃、铜花、铜贝、金叶等物，被考古学家认为是扶桑或若木的象征。考古学家研究认为，它就是传说中古代巫师通天的工具或阶梯，即沟通天地的媒介。

三星堆的这些造像展示了一个神奇的世界，说明当时的青铜冶铸业已经相当发达，其艺术造诣及人们的观赏能力已上升到了很高的水平。

历史拓展

《山海经·海外东经》就记载了扶桑的形状："有大木，九日居下枝，一日居上枝"，"柱三百里，其叶如芥，一日方至，一日方出，皆载于乌"。《淮南子·坠形训》说若木是"赤树，青叶赤华"，"末有十日，其华照下地"。

三星堆文化不同于各时期的中原文化，极具特色，对此你有什么看法？

二里头遗址

著名历史学家范文澜先生根据《竹书纪年》和《史记》，将夏朝列为中国历史的第一个朝代。但夏朝的存在一直缺乏考古证据，仅有文献资料很多问题无法得到解决。二里头遗址的出现，将真实的夏朝带到世人面前。从夏朝开始，中国五千年文明得到了历史的见证。

夏朝真的存在吗?

中华文明历史悠久，但有确切纪年的却始于西周共和元年，即公元前 841 年（见《史记·十二诸侯年表》），而在此之前的历史年代都是模糊不清的。商、周

▲ 甲骨文

的真实存在已被大量考古研究和历史文献所证实，特别是在新中国成立后，考古人员挖掘出的大量青铜器和甲骨文，这些都证实了这一点。

西汉史学家司马迁研究自己的年代所看到的各种资料，发现夏商周的年代记载比较模糊且并不一致，所以，他在《史记·三代世表》中仅记录了夏、商、周各王的世系而无具体在位年限。因此，共和元年以前的中国历史一直没有一个公认的年表，尤其夏朝的存在一直颇受质疑。

有关夏朝的史料，主要见于《史记·夏世家》和《竹书纪年》，在《尚书》《孟子》《周礼》《左传》《国语》等典籍中，亦偶有提及。通过这些片段史料，人们只能知道夏朝历史上发生过大禹治水、禹受舜禅、夏启夺位、太康失国、少康中兴以及夏桀暴政等为数不多的几件大事。

1899 年甲骨文的发现和 1928 年安阳殷墟的发掘，证实了殷商的存在。对《史记·殷本纪》的肯定，必然引发出《史记·夏本纪》也为信史的认知。夏朝与商周联系极为密切，这样一个朝代是否真实存在呢?

二里头遗址

1959 年，考古学家在河南洛阳偃师二里头村发现了一处规模宏大的宫殿遗址，其存在年代约为公元前 1750 ~ 公元前 1500 年，相当于古代文献中的夏、商王朝时期。该遗址以二里头村为中心，范围包括二里头、圪垱头和四角楼等三个自然村，南临古洛河、北依邙山、背靠黄河，东西约 2.5 公里，南北约 1.5 公里，总面积约 4 平方公里。

遗址内发现有宫殿、居民区、制陶作坊、铸铜作坊、窖穴、墓葬等遗迹。出土有大量石器、陶器、玉器、铜器、骨角器及蚌器等遗物，其中的青铜爵是目前所知的中国最早的青铜容器。二里头遗址初步被确认为夏代中晚期都城遗址。

二里头遗址包含的文化遗存上至距今 5000 年左右的仰韶文化和龙山文化，下至东周、东汉时期。此遗址的兴盛时期为公元前 21 世纪至公元前 16 世纪的夏文化时期，考古界将其主要阶段称为“二里头文化”。

夏朝真的存在吗？为什么被质疑，又是怎样被证实？

第三章

天命玄鸟，降而生商

夏王朝日暮西山之时，黄河下游一个古老的部族商族悄然发展壮大，最后将其取而代之。商汤经过二十年的征伐战争，最后灭了夏王朝，统一了自夏朝末年以来纷乱的中原，控制了黄河中下游地区，其势力所及，远远超过了夏王朝。

 鸣条之战：商汤灭夏

诸侯叛离乱夏，夏王朝统治岌岌可危。公元前1600年，商汤乘机兴兵伐夏，夏桀被围于鸣条，战败逃亡，后死于南巢（今安徽省巢湖北岸），夏亡，商汤建立了中国历史上的第二个奴隶制王朝——商。

玄鸟生商

商族为子姓，是兴起于黄河中下游的一个部落，传说其始祖“契”与禹是同一个时代的。传说契的母亲简狄是有娀氏女子，有一次，她与同伴在水边洗浴，见到一个燕子的蛋，便取来吃了下去，不久后，简狄发现自己有孕，最后生下的就是契。这说明可能在契之前，商族还处于母系氏族社会阶段，人们只知其母不知其父，才有这样的传说流传下来。

当时，人们把燕子等飞禽都称为“玄鸟”，商人对自己是玄鸟后裔深信不疑，故有“天命玄鸟，降而生商”的说法。商代许多青铜器也都铸有风纹图案。

> **历史拓展**
>
> 在中国东部、东北部有很多古代民族都以燕子为图腾。商人为东夷，一般认为商族发祥地应在东部，如山东以及环渤海等地。

契天生聪明，才德出众，在尧、舜的宫廷中都担任官职，后来因帮助禹治水有功而被禹封于“商”（今河南省商丘市一带）。契的子孙后代生活在封地上，以“商”作为宗族名，这就是商族的来历。

成汤基业：上甲微复仇

许多年过去，契的六世孙王亥成为商族首领，他善于放牧牛羊，带动商部族逐渐富足起来。王亥见牛羊数量越来越多，决定去东方的有易部落进行贸易交

> **历史拓展**
>
> 据说商族的第三代首领相土发明了驾马技术，第七代首领王亥发明了驾牛技术。这两项发明使得人们开始驯服大型动物，以为人类提供运输，商人也在华夏文明史上留下了重要的一笔。

换。他和弟弟王恒一起从商丘出发，带着牛羊，长途跋涉来到今河北易水一带的有易部落。没想到，有易部落的首领绵臣见财起意，趁夜杀死了王亥，夺走了货物和牛羊。王恒侥幸逃脱，带回了噩耗，族人们一起拥立了王亥的儿子上甲微成为部落首领。

上甲微继立后，矢志复仇。他明白，两个部落相距甚远，不能急于一时，于是把主要精力放在壮大部落上。他饲养大量牛羊，与其他部落换取武器，同时加强训练，操练阵型。四年过去，商部落实力大增，上甲微认为自己可以筹谋复仇一事了。他先与交好的河伯部落联系，得到了盟友的军事支持，然后带着两个部落的精锐踏上了征讨有易部落的征程。

双方于易水之侧交战，上甲微凭借精锐部队成功击败有易部落，有易君绵臣战死，上甲微成功复仇。随后，上甲微将有易部落的土地纳入自己的版图。上甲微的复仇之战震慑了周围的部落，也让商部落威名远扬，大大扩张了部落势力，为后任首领成汤扩大基业打下了基础。上甲微也成为商部落所祭祀的祖先中相当重要的一位。商部落农业和畜牧业的发展，使社会财富不断增加，商族很快从氏族制过渡到奴隶制。

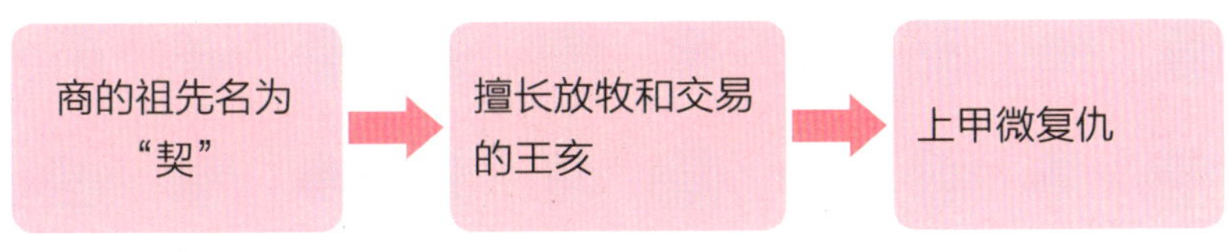

▲ 商部落的发展轨迹

成汤崛起

成汤是契的第十四代孙。史书记载“汤有七名”，以形容汤的别称之多，如成汤、武汤、天乙、天乙汤等。汤，子姓，名履，生于河南商丘。主癸死后，他继任商侯，都城仍然在商丘。此时夏朝的统治者正是暴君夏桀，他暴虐无道，宠用小人，诛杀忠良，压榨平民和所属方国，引起普遍的憎恨与反对。

雄心勃勃的汤看到了机会，他宽以待民，获得了国内民众的拥护和支持，任用伊尹和仲虺为左右相，提拔重用出身、地位低下而有才干的人；在对外关系上，他也努力扩大自己的影响力，致力得到各方国的拥护。很快，成汤的德名传播四方，形成了“汤修德，诸侯皆归商”的局面。这引起了夏朝的注意，夏桀本能地认为汤的势力已经威胁到他的统治，于是派使臣到商国召汤入朝，后软禁汤于夏台（今河南省禹州市）。商国宰相伊尹千方百计将汤救出，并劝他暂时忍耐，臣服于夏，积蓄力量，等待机会，汤采纳了他的建议。

夏桀的暴行让各方国已经无法忍耐下去，他们逐渐叛离夏朝，局势越来越倾向于商。伊尹足智多谋，他建议汤，不如暂停进贡，试探一下桀的反应。夏桀见商部落竟然没有进贡，勃然大怒，立刻号召九夷之师伐商，大军一起，商立刻向桀请罪，卑辞厚礼表示臣服，桀便下令退军了。第二年，汤又下令不再给夏进贡，夏桀再次集合九夷，响应者却寥寥无几，商汤看见了机会。

▲ 商汤像

鸣条之战

约公元前1600年，商汤正式兴兵伐夏。他先是率兵消灭了夏附近的小国和部落，又消灭了韦、顾、昆吾等忠诚于夏的较强大的部落，拆除了夏的保护屏障。最后，商汤带领大军屯集于鸣条（今山西省运城市夏县之西）。为了一举消灭夏桀，临战之前，商汤召开了隆重的誓师大会，郑重宣读了讨伐夏桀的檄文，这就是历史上著名的“汤誓”。

历史拓展

《汤誓》是《尚书·商书》第一篇是，这是商汤和夏桀在鸣条决战前发表的战前动员讲话。这一战是商汤推翻夏朝、建立商朝的关键性战争，这一战史称鸣条之战。商汤的这次动员讲话很奇特，因为这是历史上第一篇臣子对帝王发动战争的动员讲话，这次动员讲话的语气也与《尚书》中《甘誓》大不相同，仔细分析能看出许多问题。

商汤控诉了夏桀的罪行，申明自己是秉承天意征伐夏桀，目的是为了救民于水火之中；商汤还宣布了严格的战场纪律。动员之后，商军士气大振。誓师后，商汤挑选精兵良将，联合各方国的军队，绕道到夏都以西，出其不意，突袭夏都。夏桀得知后仓促应战，并同商汤军队在鸣条之野展开战略决战。在决战中，商汤军队作战勇猛，一举击败了夏桀的主力部队，夏桀败退，逃到属国三朡（今山东省荷泽市定陶区北部一带）。

历史拓展

“汤武革命，顺乎天而应乎人”出自《易传·彖传下·革》,《易传》是一部哲学伦理著作，是战国时期解说和发挥《易经》的论文集，也是诠释《易经》的经典著作。

商汤乘胜追击，攻灭了三朡。夏桀穷途末路，率少数残部仓皇逃奔南巢（今安徽省淮南市寿县南）后被商军追上俘获，放逐此地，不久便病死，夏王朝宣告灭亡。经过三千诸侯大会，汤被推举为天子，定都亳（今河南省商丘市虞城县谷熟镇西南），定国号为“商”，成为商朝的开国君主。

商是如何兴起的？

 从奴隶到宰相

汤灭夏，建立商朝，有一个人起了极为重要的作用，那就是宰相伊尹。更为传奇的是，他本是奴隶出身，善于庖厨，被后世称为“庖祖”，伊尹同时也是中国第一位宰相，第一位帝师。

生于空桑

伊尹，名挚，因其母住在伊水之上，所以以“伊”为姓。据说伊尹的母亲在怀孕后某个夜里，忽然梦到了天神，天神说：“明天如果你看到水中有臼浮出来，就赶紧向东方走，千万不要回头看。”

第二天起床，伊尹的母亲仍然清醒地记得这个梦。因为天神的警告太奇怪了，她忍不住把这件事告诉了邻居们，邻居们劝她一定要按照天神的话去做。后来，事情果然发生，她却在逃走时忍不住回头看了一眼。

> **历史拓展**
>
> 伊尹除了是商朝的辅国宰相之外，还被誉为中国古代十大名厨之一，是我国最早的美食家，有“烹饪之圣”的美称。此外，古有“伊尹制汤液而始有方剂”一说，因此伊尹也被历代医家公认为创制中药汤液的始祖。

结果，她原来所居住的村落被水淹没。因为她违背了天神的告诫，所以身子化为了一棵中空的桑树。这时，刚好有莘氏的一名女子路过，发现前面一棵桑树大大的树洞里竟然藏着一个啼哭的婴儿，她连忙抱起孩子，送到了首领面前。首领见孩子长得可爱，来历又很奇特，决定收下孩子，并为其取名为挚。

兴师伐夏

挚在有莘氏部落里的养父是一名厨师，他从小耳濡目染，也学得一手好厨

历史拓展

《列子·天瑞》称："伊尹生乎空桑。"《墨子·尚贤》称："伊尹为有莘氏女师仆。"伊尹在商朝地位极高，甲骨文中甚至多次有将大乙（即商汤）和伊尹并祀的记载。伊尹也是中国历史上第一个见之于甲骨文记载的教师。

艺。更难能可贵的是，挚虽然出身低微，但头脑灵活，好学勤奋，说话做事都井井有条，很有远见。

当时，商部落正在扩张之中，求才若渴，商汤听到挚的名声后很想收为已用。第一次，商汤直接是上门，没想到被有莘王婉拒了。第二次，商汤拐了个弯，求娶有莘王的女儿。商部落蒸蒸日上，兴旺发达，有莘氏巴不得有这样的姻亲。作为条件，挚以陪嫁奴隶的身份一起来到了商。商朝建立后，汤下令废除挚的奴隶身份，并任命他为"尹"，相当于宰相的地位，从此，挚就被称为"伊尹"。

在起兵讨伐夏朝的过程中，伊尹的建议屡次起到关键作用。商朝建立后，伊尹作为宰相，制定各种典章制度，迅速稳定了局势。商的后人在祭祀先祖时，伊尹甚至都会被放在商汤平等的地位，可见伊尹在商的地位是何等的重要和崇高。

伊尹作为一代贤相，是如何辅佐商汤建立商朝的？

 伊尹放逐太甲

伊尹的功绩，不仅在于辅佐成汤建立商朝，更在于他在四任商王在位期间一直兢兢业业地进行辅佐，这四位商王分别是：商汤、太丁、外丙、中壬。中壬死后，商汤的孙子太甲继承王位，伊尹仍然为辅政大臣，辅佐太甲治理国家。

> **历史拓展**
>
> 商汤建商后在位十二年便去世。当时商朝的继承法为兄死弟及，若无弟弟，则传位给儿子。商汤无弟，本应由长子太丁即位，但很可惜的是太丁死得比父亲商汤还早，因此太丁的弟弟外丙继承王位。外丙在位三年后去世，其弟中壬继位，但中壬在位也仅仅四年便去世了。这时，开国元老伊尹则做主，由太丁之子太甲继承了王位。

熊孩子太甲

太甲可以说是含着金汤匙出生的，他继位时，商王朝又正值兴旺，四方臣服，风调雨顺。起初，太甲还能在朝中大臣的劝导下规规矩矩，但逐渐变得恣意妄为，享受起发号施令的权威，沉迷于各种享乐。为了规劝太甲，老臣伊尹写了三篇文章进行劝谏：一为《伊训》，是伊尹对太甲的告诫；一为《肆命》，教导太甲如何区分是非曲直；一为《徂后》，介绍了商汤时期制定的各种法律制度，告诉太甲要依法办事。

不过堪称熊孩子的太甲根本看不进去，更不会从此就范，乖乖听话。他甚至觉得伊尹虽然功劳大，但毕竟出身不过是个奴隶，心里竟然开始隐隐看不起老头子伊尹，行为更加乖张任性，招致不少怨言。

伊尹能够辅佐多代君主，自然智慧过人。他感受到太甲叛逆不驯的想法，也似乎并不会因为别人的劝导就能改邪归正，于是以辅政大臣的身份放逐了太甲，令其去商汤陵墓所在地的桐宫（今河南省商丘市虞城县），静思己过，希望他能真正认识到自己的错误。

这个决定震惊天下，有些人私下认为伊尹是要谋夺君位，然而伊尹虽然代太甲执政，接受诸侯朝拜，却一直没有另立新君。

向叛逆期告别

太甲从王室权力最大的人沦为“罪犯”，这对他的影响是极为震撼的。在来到先祖商汤墓地之初，他是愤愤不平的，每日对着灵牌喋喋不休，说伊尹“犯上作乱”，可是一时间又无法摆脱困境。守墓的人每日会向伊尹回报太甲的言行，伊尹并不觉得太甲没出息，反而觉得太甲这样的想法颇有“君王之气”。

过了一段时间，太甲开始感到百无聊赖，这里没有人哄着他，只有几个守墓的人尽守职责。他看着祖先朴素的灵牌和宫室，产生了好奇。在他的心里，王室是最贵重的，可以享受天下最好的东西，但为什么先祖商汤的陵墓却如此朴素呢？守墓的老人奉命给太甲讲述起当年商汤伐夏的故事，讲夏朝亡国之君有何劣迹，他的祖父商汤如何创下基业，为什么商汤能够成功，为什么伊尹如此受民间爱戴……太甲开始反思自己之前的言行，发现自己的所作所为更像是“夏桀”，越来越觉得自己对不起先祖辛苦打下的基业。太甲的叛逆期终于结束了。

▲ 商代玉凤

伊尹还政

三年后，当伊尹率领大批臣民亲自去接太甲还朝时，太甲觉得自己仿佛在做梦。他以为，伊尹早就因为对他的失望而拥立了别的君主，他没有想到自己竟然还有恢复王位的一天。

伊尹三年中时刻关注着太甲的所作所为。太甲的悔过自新，

历史拓展

关于伊尹放逐太甲的历史事件，自古就有很多的争论。一说为史实，赞扬伊尹具有“大仁”“大义”之美德，是大多数人所认同的一种说法；二为怀疑说，认为并非史实，不可尽信；三为否定说，认为伊尹放逐太甲纯粹是为了隐藏历史真相，应是伊尹废太甲篡位，后太甲潜入桐宫杀伊尹，夺回王位。

让伊尹十分高兴，他毫不犹豫地亲自来桐宫接太甲返回都城，并还政于太甲。事实证明，太甲没有让伊尹失望，他洗心革面，效仿祖父商汤，严格按照祖制和律法处理政事，并能虚心接纳贤臣的谏言。商朝的政治又出现了清明的局面。

太甲之后，商朝国力继续发展。到第十位商王太戊时，他重用伊陟与巫咸等大臣，商朝统治进一步巩固。从成汤到太戊，共五世十王，是商王朝从建立到巩固并逐渐强大的时期。

伊尹历事商朝五代君主五十余年，为商朝的强盛立下汗马功劳。沃丁八年，伊尹逝世，终年100岁。

伊尹为什么会受到历代文人学者的高度评价？

敬鬼神的商王室

占卜是一种仪式，是操作者在将行某事前，由于没有把握而借助某些器具或现象寻求信息或解答，由此满足心理需求的行为。《礼记》记载，“殷人尊神，率民以事神，先鬼而后礼”。商代盛行占卜，大至祭祀、征伐，小至疾病、生育，无一不求神问卜。卜官将占卜的过程和内容事项刻在甲骨上，这就是甲骨文。甲骨文具有重要的史料价值，因为占卜的内容反映了一定的历史事实。

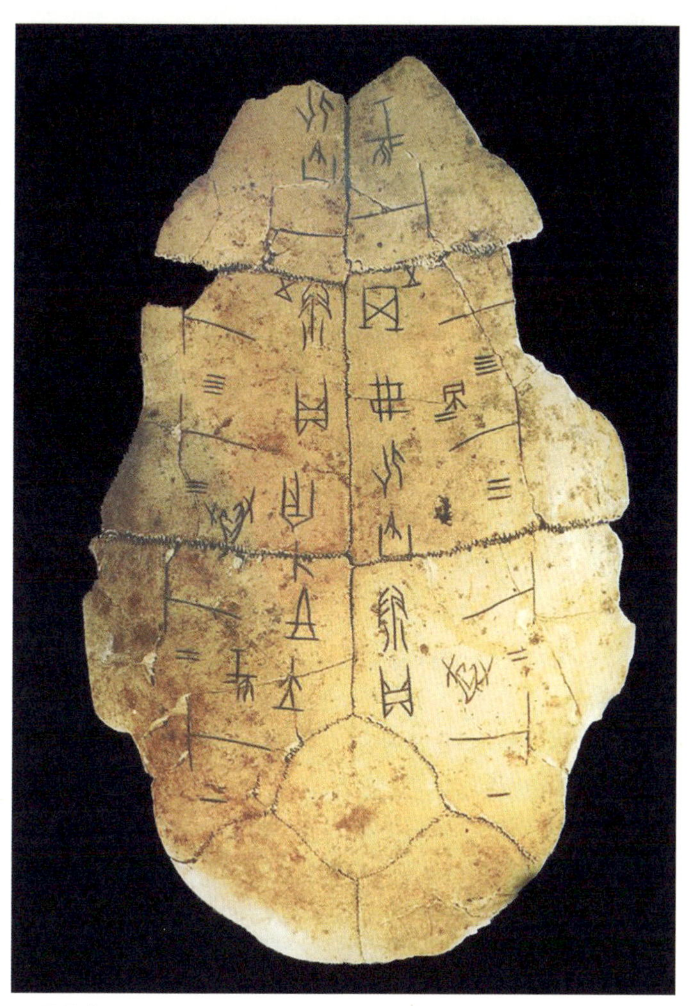

▲ 甲骨文

“迷信”的殷朝人

殷人极为“尊神”，无论大事小事，从战争征讨到疾病婚嫁，都要征寻祖先的意见，即向鬼神请示。

请示的方法依靠占卜，而占卜必须在隆重的祭祀典礼中举行，才能得到祖先的赐福。因此，祭祀是国家的第一要政，甚至超过国家军事和政治。这充分表现在丰厚的祭品上，他们不惜使用“羊百”“羊三百”“百牛”“千牛”“五十豚”“百豕”“犬百”等财产，甚至使用大量的不同邦族的“人牲”，如“百羌”“千人”等，以各种杀祭的方法来取悦神鬼。

总的来说，殷人的信仰崇拜，分为两类：

第一类：自然崇拜。在天神一系里，如帝、日、风、云、雨、雪等；在地示一系里，如社、方、山、川、河、岳等。

第二类：祖先崇拜。祖先崇拜被后来的周人称为“人鬼”。能够得到祀典的不止于先王、先妣，还有名臣如伊尹、巫咸等。

表面来看，殷代的自然崇拜充满愚昧和迷信，但也表现出古人对自然朴素的认知。商代遗迹里出土的甲骨卜辞表明，殷人对于其所瞻仰的、所取财用的自然怀有浓厚的好奇和兴趣。

例如，农业和田猎受天气影响很大，因此人们就会屡次占卜今日、今夕、自今以后若干日以及今日的某个时辰是否有雨。因此，殷人会常常观察和总结天上的云彩的形状、色彩，来判断自己的解读是否正确，这种做法反而使殷人积累了大量的气象经验。

至于人鬼，也就是祖先，殷人更在意这些方面：能否主导人体的健康与病痛，能否决定生死，能否决定战争胜败，能否决定人们谋事的成败和吉凶。他们认为人得病，必然是有病魔在作祟；战争想要胜利，就应先得到英勇善战的祖灵的庇佑；甚至出门远行、建筑房屋都要经过祖先的允许，不然就会有灾祸上身。

殷人会崇拜有功劳的人，如黄帝、颛顼、尧、舜、禹等有大功绩的人，这种崇拜相对于其他部族的图腾信仰要先进很多。他们会在祭典上，向不同的祖先提出不同的要求：是“祈羊”还是“祈牛”，是“祈禾”还是“祈雨”，包括向女性先祖

历史拓展

占卜的出现，源自于商人的鬼神崇拜。因此，可“通鬼神”的巫师便开始费尽心思，考虑该如何将“鬼神之意”明确的显现出来。占卜是最能体现鬼神显现而又最简单的方式，也因此而流行开来。为了让民众信服，巫师开始记载历史事件，甲骨文也越来越丰富，鬼神崇拜也越来越流行。

祈求“生育”，所求先祖也必然是农作、田猎、畜牧等方面的高手。

商代甲骨占卜活动

二里头遗址中出土了很多用猪、牛、羊的肩胛骨制成的卜骨，骨上有烧灼过的痕迹，说明夏代就已经盛行占卜。不过占卜发展到商代，已经成为商代社会活动最重要的组成部分。商代甲骨占卜活动可以分为四个阶段：整治甲骨、占卜、刻辞以及存储。

由于占卜活动频繁，商人通常会整治甲骨，储存大量修整好的甲骨以备取用，殷墟曾发现有专门储存放置甲骨的窖穴。所谓整治甲骨，就是将适合用来占卜的兽骨和龟甲修整为符合要求的比较规整的形状。首先进行清洗，然后在背面挖刻出窠槽，这样才能在将来灼烤时裂出比较规则的兆纹。

商代占卜，大多数由专人负责，称贞人（巫），商王自己也常常亲自占卜。他们将所问之事向神灵祷告，然后灼烤整治好的甲骨背面的窠槽，甲骨遇热不均

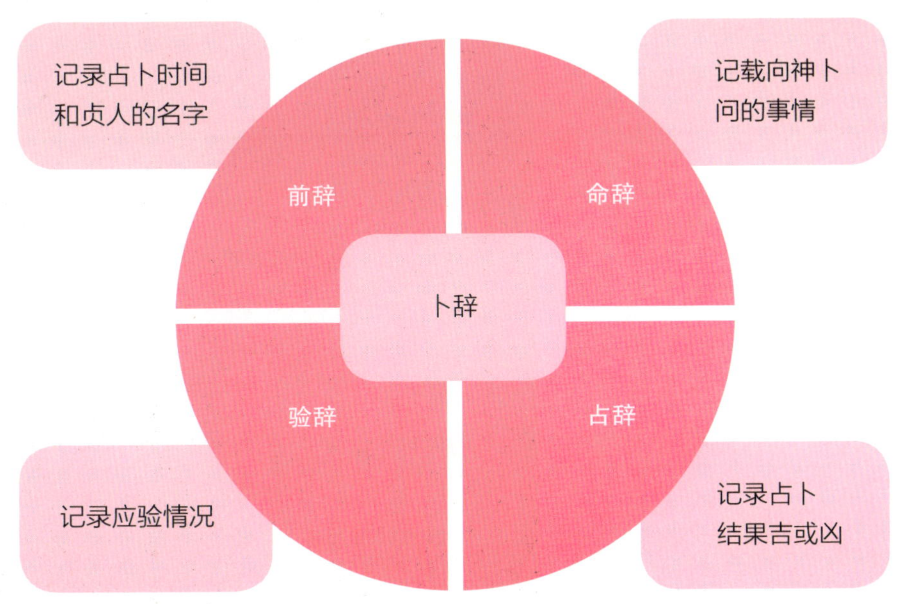

▲ 一条完整卜辞的组成

历史拓展

商代的占卜拥有独特的地位。占卜在选择骨料、打磨、钻洞、凿槽等方面都有特定的要求。在选择骨料方面，一般来说有两种：一种是家牛、水牛或少数其他动物的骨骼，主要使用的是肩胛骨；第二种是龟甲，龟甲以腹甲为主，背甲则使用的较少。

而爆裂，正面会显出纵横交错的裂纹，这就是“卜兆”。根据卜兆的粗细、长短、曲直、横斜、隐显等特征，贞人可以了解神灵的意志，判断吉凶。

占卜活动结束，商王或贞人确定吉凶祸福后，要将占卜的时间、占卜者的名字、所问事项、占卜的结果以及事后是否应验等情况刻在甲骨上，这就形成了卜辞。一条完整的卜辞可以分成前辞、命辞、占辞和验辞四个部分，然后按照一定格式，刻在兆纹的旁边。

最后，占卜使用过的甲骨会被窖藏起来。很多出土的甲骨往往都是成坑发现的，数量很大，而且没有其他杂物，说明商人对此是有意识地进行储存，与现代的“档案保存”极为相似。

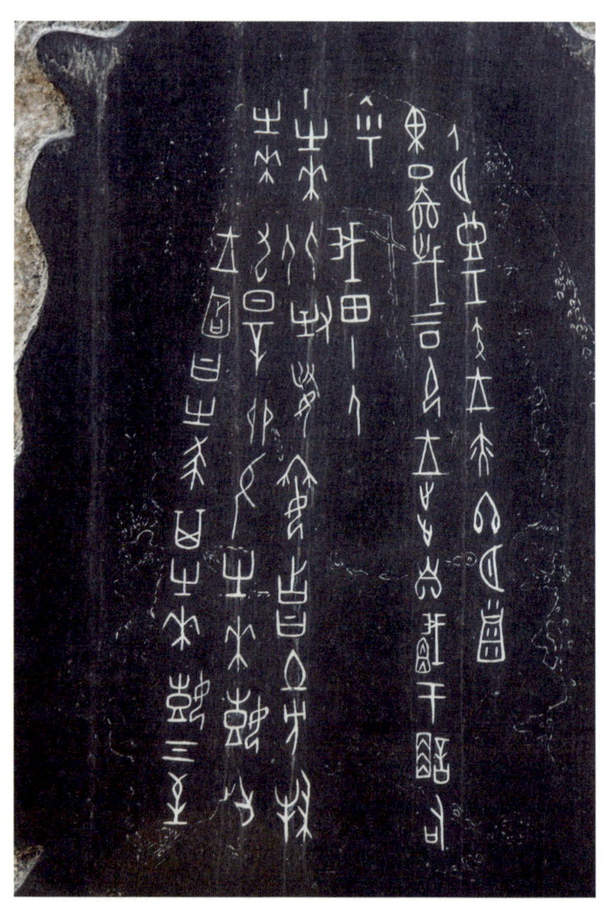

▲ 甲骨文拓片

最早的文字：甲骨文

甲骨文是一种非常古老的文字，最早出土于河南省安阳市殷墟，其内容绝大多数是王室占卜之辞，故又称“卜辞”，或“贞卜文字”。这种文字基本上都是由契刻而成，又称“契文”或“殷契”等。

迷信的殷人，习惯事事占卜。他们常常使用兽骨龟甲来

▲ 安阳甲骨文

作为观察和寻求上天旨意的媒介。殷人使用的龟甲和兽骨，通常是由专门负责的卜官保管，且预先经过一定的刮磨和加工。占卜时，用燃烧的木柱烧灼钻凿窠槽，使甲骨正面裂出“卜”字形状的裂纹，这种裂纹被称为“卜兆”，作为推断所问事情吉凶的依据。

甲骨文有完整的内容和形式。甲骨文的主体部分是“卜辞”，即占卜活动结束后，将整个活动进行的情况与结果刻在甲骨的正面或反面。卜辞一般包括前辞、命辞、占辞、验辞四项，这也是甲骨文“卜辞”别称的由来。

刻辞的排列也很有规律，或由上而下，或由下而上；或从右至左，或从左至右，但一般是先横后竖。一片甲骨上少则数字，多则上百字。

甲骨文中还有一些当时学习刻写卜辞的人练习的作品，称为“习刻”或“习契”。

另外，卜官也会在甲骨的边缘部位刻写关于甲骨来源和保管情况的记事文字，称“记事刻辞”。

历史拓展

郭沫若在 1937 年出版的《殷契粹编》的序言中，对甲骨文书法非常赞赏：“卜辞契于龟骨，其契之精而字之美，每令吾辈数千载后人神往。文字作风且因人因世而异，大抵武丁之世，字多雄浑，帝乙之世，文咸秀丽。而行之疏密，字之结构，回环照应，井井有条……足知存世契文，实一代法书，而书之契之者，乃殷世之钟王颜柳也。”

甲骨文是目前所知的中国最早的系统文字，也是比较成熟的文字。从书法的角度看，其点横撇捺、疏密结构，已初具用笔、结体、章法等书法要旨，孕育着书法艺术的美。

甲骨文的特点也很鲜明。由于它一般是用刀直接刻字，有的刻好后还填以朱砂，也有个别不是用刀刻而是朱砂直接写成的，所以甲骨文的刀法就体现了它的笔意。刻划的线条犀利苍劲，转折恰当，且粗细错落，长短不等，说明有用单刀刻的，也有用双刀刻的。字形结构一般呈瘦长形，并以各种线条的排列和组合，来体现平衡对称的结构，也表现出丰富而有变化的笔意。甲骨文已具备了象形、指事、会意、假借、转注、形声“六书”的汉字构造法则，可以说既是成熟的文字，也是高水平的书法艺术。

为什么会有甲骨文的出现？

青铜时代的承续：殷商之鼎

商朝从成汤建国到纣王灭国，共传 17 世 31 王。《史记》中对商王世系记载得非常详细，并得到了甲骨卜辞的证实。中国的青铜冶炼早在氏族时代就已出现，夏代整体上还是比较落后，而在商代，青铜铸造技术突飞猛进，出现了极为灿烂的青铜文化。

一个屡次迁都的王朝

商王朝的命运似乎一直颇为坎坷，主要是因为黄河常年河水泛滥，使他们不得不常常搬家。在立国的五百余年间，商朝迁都达六次之多，成为王朝中最大的事件。自从五迁到殷邑（今河南省安阳市）之后，商王朝同时也称为殷王朝，或合并称为殷商王朝。盘庚迁殷是发生在商朝中后期的一次历史事件，是指盘庚继位后，为了挽救政治危机，决定迁都至殷。

商朝疆域

按照《史记・吴起列传》中的记载，商朝疆域“左孟门，右太行，常山在其北，大河经其南”，大致为北到辽宁，南到湖北，西到陕西，东到海滨。除了包括夏疆域中长江以北的今湖北、河南、安徽、山东、河北、山西、京津和江苏、陕西的一部分，还包括今陕西、江苏的剩余土地，辽宁、甘肃、湖南、浙江、四

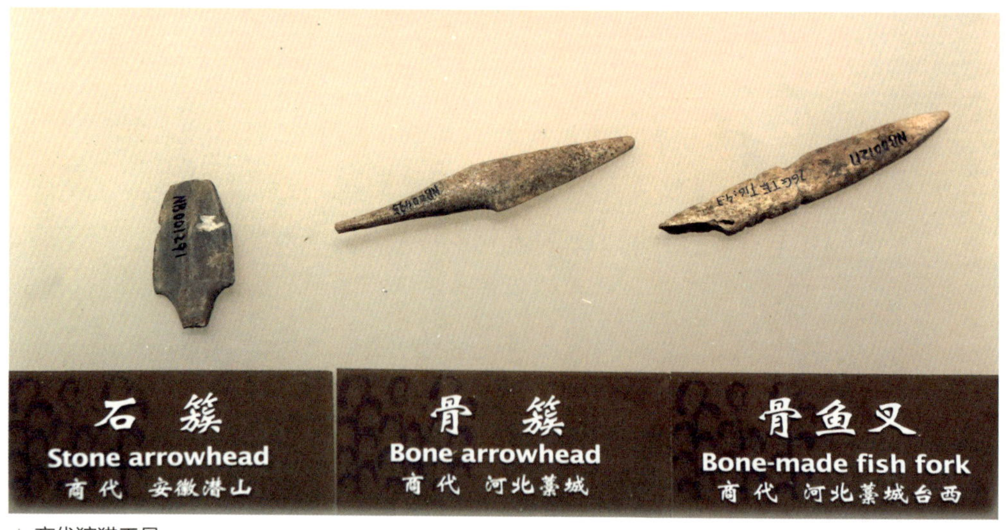

▲ 商代狩猎工具

川等地区。商朝周边的方国和部族众多，如鬼方、人方、淮夷等，较远的有肃慎、羌、氐、濮等。

商族在建立商朝之前，就曾多次迁都，据《尚书商书》记载，“自契至成汤，八迁，汤始居亳。”到汤时，经过八次迁徙，商族定居在亳都，也就是如今的河南商丘一带。

商族迁居的原因，最早是由于部落原始的游牧生产生活方式，人们往往逐水草而居，没有固定都城的概念；另一方面，由于黄河中下游一带经常闹水灾，甚至会殃及都城；还有就是不稳定的继承制度，使得王族内部经常发生内乱，都城往往在“改朝换代”中更换。到成汤的时候，商族日益发展壮大，在鸣条之战后，汤建立商朝，定都于亳。

九世之乱

自商王太甲去世后，商王室陷入长久的权力内斗中。由于嫡长子继位制度并没有得以确立，商王的兄弟和他们的儿子交替继位，王室内部连续发生王位纷争；为摆脱上代的政治影响，迁都又被作为一个重要的举措，由此造成商朝九代混乱，来朝见商王的诸侯也越来越少，史称“九世之乱”。

太戊之后，商王朝进入到一个政治极不稳定的阶段，尤其是王位继承连续动荡。太戊以后继位的九位商王分别是中丁、外壬、河亶甲、祖乙、祖辛、沃甲、祖丁、南庚和阳甲。其中，中丁、外壬、河亶甲是兄弟三人先后继位。河亶甲死后，其子祖乙即位。祖乙死后，其子祖辛与沃甲先后即位。沃甲死后，王位传给了祖辛之子祖丁。祖丁死后，王位又传给了沃甲之子南庚。祖丁与南庚，已是从兄弟之间的王位继承。南庚死后，王位传承出现了更大的变故。此时，祖丁之子阳甲继南庚之后成为商王。南庚与阳甲，则是从叔与从侄之间的王位继承。王位继承人之间的血缘关系越来越疏远，这种混乱不清的局面，导致了商朝政治的动荡与衰败。《史记·殷本纪》记载了这段历史，称为“比九世乱”。到阳甲继立时，王朝国力十分衰弱，“诸侯不朝”，各地诸侯都不再朝觐商王。

这段时期也是商朝频繁迁都的时期。中丁从亳迁都至隞（今河南省郑州市荥阳市东北），河亶甲又从隞迁至相（今河南省安阳市内黄县），到祖乙时先迁都至

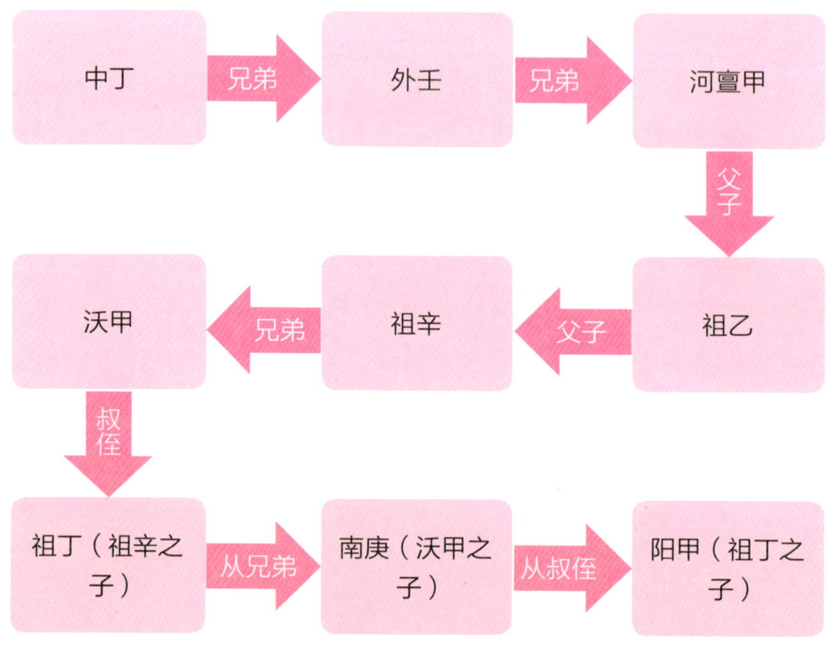

▲ 商朝九世之乱

耿（今河南省焦作市温县），又迁都至庇（今山东省荷泽市定陶区），南庚后又迁都于奄（今山东省济宁市曲阜市）。频繁的迁都与统治者上层激烈的王位争夺有着直接关系。

新上任的盘庚

作为商汤的第九代孙，第十九代商王阳甲的弟弟，盘庚也是经过一番争斗才登上了王位。盘庚发现当时国内阶级矛盾日益尖锐，大批奴隶不堪忍受折磨，纷纷逃亡，随着商的国力下降，一些小国和少数部族开始反叛。

盘庚认识到，经过前几代的内乱与消耗，商朝已初步露出颓势，要想改变现状，再次迁都是最好的办法。盘庚看中了“殷”地。

在盘庚看来，殷地的自然条件优越，西依太行山，土地肥沃，平原广阔，地势西高东低，洹水从西北向东南穿过，利于灌溉。另一方面，迁都后百废待兴，自然可以限制很多王室、贵族的发展，提拔有用人才，整体缓和内部矛盾，同时也能避开叛乱势力的攻击，提高安全性，稳固统治。

尽管盘庚已经盘算妥当，但他的迁都计划依然遇到了难以想象的阻力。

大事件：盘庚迁殷

很多贵族极为反对迁都，他们担心换了地方，就不能再如从前一样享乐。民众也相互慨叹，怨声载道，不想搬迁。但这些都动摇不了盘庚的意志，他将持反对意见的贵族们召集起来，恩威并施，苦心劝导，告诉大家迁都之举是为继承先王的基业，为的是平定四方；自己作为商王，既然继承了王位，就要像先王那样关心和保护臣民，带领大家去一个安乐的地方，不然先王的在天之灵就会降下惩罚……

约公元前 1300 年，盘庚迁都，带领臣民来到了他心目中山林有虎熊、水里有鱼虾，物质资源丰富的殷。迁到殷后，他以强硬手段制止贵族们搬回旧都的企图。他还提倡节俭，改良风气，减轻剥削，终于安定了局面。此后不久，就出现了“百姓由宁，殷道复兴，诸侯来朝”的场景，商朝出现了复兴的局面。

在商代历史上，盘庚迁殷被视为意义重大的分水岭事件。有学者以盘庚迁殷为界，将商代分为前期和后期两段。商朝的都城自此固定下来，再没有改变，因此商朝也称为“殷朝”，或者“殷商”。这也象征着商族从游牧生活彻底变为安定的农耕生活，商朝经济开始稳定发展，政治也稳定下来。而商都遗址殷墟的大量考古发现，也是这些文明的见证。

郑州商城

1952 年，河南郑州二里冈的“郑州商城”遗址开始第一次正式考古发掘。经确定，该遗存要早于安阳殷墟，存在时间约为公元前 1620 年，应属商代中期。该城址平面略近方形，周长近七公里，墙体用土分段分层夯筑。

城内分为宫殿区和一般居住区，城郊有手工业作坊和墓葬区。宫殿区在城内中部偏北和东北部一带，根据已发掘的夯土基址，大致可复原为一座九室重檐顶并带回廊的大型寝殿。另外，城内已发现宫城墙和供水设施。宫城墙呈西北至东南方向，供水设施位于宫城墙以北，并与之并行，二者相距四米。供水设施由地

▲ 商代青铜鬲

下石板筑水道管、夯土和汲水井三部分组成，平面呈长方形，断面呈倒梯形。该供水设施向北延伸与之前发现的商代蓄水池相连，二者方向一致，构成了一个完整的城市供水系统。

殷墟：一个王朝的缩影

殷墟为商王朝后期都城遗址，位于河南省安阳市，发现于 20 世纪初。自盘庚迁都于此至纣王亡国，商以此为都（约公元前 14 世纪末至公元前 11 世纪中期），共经八代十二王，历时近三百年。

殷墟是中国至今第一个有文献可考，并为考古学和甲骨文所证实的都城。殷墟总体布局严整，以小屯村殷墟宫殿宗庙遗址为中心，沿洹河两岸呈环形分布。现存遗迹主要包括殷墟宫殿宗庙遗址、殷墟王陵遗址、洹北商城、后冈遗址以及聚落遗址（族邑）、家族墓地群、甲骨窖穴、铸铜遗址、手工作坊等。

宫殿宗庙遗址是殷墟最重要的遗址和组成部分，总面积 71.5 公顷，是商王

▲ 河南安阳殷墟博物苑

处理政务和居住的场所。在宫殿宗庙遗址西、南两面，还设有人工挖掘而成防御壕沟。

宫殿宗庙区还有商王武丁的配偶妇好之墓，这是迄今为止发现的唯一一座保存完整的商王室成员墓葬，也是唯一能与甲骨文联系并断定年代、墓主人及其身份的商代王室成员墓葬。

王陵遗址总面积约 11.3 公顷，这里出土了数量众多、制作精美的青铜器、玉器、石器、陶器等，是学术界公认的殷商王陵所在地。另外，在王陵的东边出土的后母戊大方鼎，是现今为止所发现的最重的青铜器。

洹北商城城址大体呈方形，总面积约 4.7 平方公里，四周有夯筑的城墙基槽。洹北商城遗址的发现，延长了殷商的历史时间，延伸了殷墟的范围。洹北商城遗址的年代早于传统意义上的殷墟晚商文化，略晚于郑州早商文化，很可能是商代中后期的一处都邑遗址。

殷墟的发掘，几乎完全改变了传统史观中夏、商、周三代的历史面貌，真实

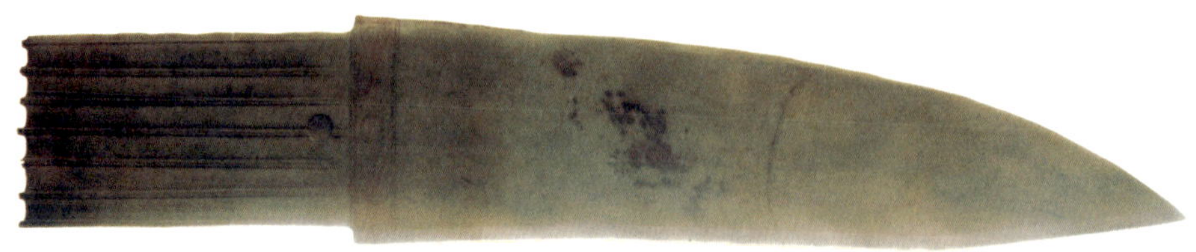

▲ 商代玉刀

> **历史拓展**
>
> 陶瓷是中国古代的伟大发明之一，瓷器由陶器发展而来，但和陶器有着本质的区别。陶器是由易熔黏土烧制的，器表没有釉或只施有低温釉；而瓷器则是由瓷土作胎，表面施高温玻璃质釉，敲击时可发出金属般清脆的声音。根据出土文物证明，早在公元前 16 世纪的商代中期，中国就已经出现了原始青釉瓷器。原始瓷器基本上具备了瓷器的特点，但是，制造工艺比较粗糙，技术水平较低，是瓷器发展的初级阶段。

确立了殷商社会作为信史的科学地位，为商周考古确立了可靠的年代学基础，完善了商代的编年框架。

殷墟出土了大量的青铜器和玉器文物，这表明殷代手工业空前发达，不仅门类齐全，而且工艺水平极高。一些主要的手工业生产部门，如青铜冶铸、制玉、制陶、制骨、制车、纺织等都已达到了相当大的规模。这一时期的白陶、原始瓷等也在中国陶瓷史上占有重要地位。殷墟出土的商代马车，大量使用青铜构件，独辕双套双轮，结构精致复杂，体现出高超的机械、青铜铸造等复合技术。

另外，从殷墟王陵的埋葬制度、分布格局、随葬方式、祭祀礼仪等，可以深入了解商代晚期的社会组织、阶级状况、等级制度、亲属关系，它也代表了中国古代早期王陵建设的最高水平，并为以后中国历代王朝所效仿，逐渐形成了中国独具特色的陵寝制度。

同时，以人祭、人殉、车马殉葬、兽祭等为代表的殷墟丧葬习俗，突出表现了殷墟时期以等级制度为核心的礼制，体现了当时的丧葬习俗。

你认为殷商屡次迁都的原因是什么？

武丁与妇好

武丁，名昭，商王盘庚之侄，商王小乙之子，在位时间约为公元前1250～公元前1192年。武丁在位时期，勤于政事，任用刑徒出身的傅说及甘盘、祖己等贤能之人辅政，励精图治，使商朝政治、经济、军事、文化得到空前发展，史称“武丁盛世”。公元前1192年，武丁去世，死后由其子祖庚继位。

民间生长的“皇太子”

盘庚在位一共28年，在他去世后，弟弟小辛继承了王位。小辛才能平庸，商朝逐渐又出现了衰败的趋势。三年后，小辛去世，弟弟小乙继承了王位。小乙虽然建树不多，但却培养和选择了一位杰出的继承人，那就是他的儿子武丁。为了培养儿子，小乙让儿子年少时离开王宫，去过普通百姓的生活。这大大增长了武丁的见闻，他体验到民间疾苦，磨炼出坚强的意志。他在黄河岸边隐居时，与当地人生活在一起，穿朴素的衣服，住简陋的房子，一起劳动，一起休息，深刻地了解了百姓的想法和态度。

▲ 商代武丁时期青铜钺

公元前1251年，商王小乙去世，武丁继任商朝君主之位。按照商代的祖制，继承者要守丧三年。诸大臣没想到武丁真的会守丧三年，他整日板着脸，无论谁跟他说话，他都不理会，最多只是点点头或摇摇头。大臣们以为武丁只是伤心过度，没想到三年之中，武丁真的是一言未发。

不过，武丁并没有荒废三年的时光。在他刻意保持沉默的这段时间里，他默默观察着朝中的政务和人事，辨别忠奸利害，思索治国之道，思考如何才能树立权威，带领商朝摆脱困境。

大臣们这三年来，可以说惴惴不安，不了解君主是如何打算。这一切不安都在武丁终于开口时烟消云散。

> **历史拓展**
>
> 《史记·卷三·殷本纪第三》记载："帝武丁即位，思复兴殷，而未得其佐。三年不言，政事决定于冢宰，以观国风。"

武丁继任王位后一直保持着民间养成的简朴的生活习惯，他立志要做一位如同商汤一样贤明的君主。他将自己在民间拜的老师甘盘请入皇宫，又任用傅说、祖己等贤臣，商朝的国力如同轨道上的列车，开始迅速恢复，繁荣发展。

武丁的左膀右臂

面对商朝国势衰落的局面，武丁首先提拔了出身卑微的傅说为相。傅说原本是奴隶出身，在傅岩一地做苦役，那里是虞、虢两地交界之处，又是交通要道，因山涧的流水常常冲坏道路，奴隶们常被派到这里版筑护路。傅说就靠从事版筑维持生计，虽有才干，却无从施展。遇到商王武丁后，傅说可以说是一飞冲天。

武丁为了得到贤臣辅佐，也是煞费苦心。为了抬高傅说的地位，武丁说自己曾做梦梦到贤臣，于是让画工根据梦中的印象描了画像，派人到处寻找，结果在虞、虢之间的傅岩找到了一个叫傅说的囚徒，和画像很像。傅说被带到商都，武丁见了

▲ 傅说画像

他，和他交谈了一番，认定他就是梦中的那个贤人，立刻启用为相。

傅说是商王武丁最主要的辅相。他对商王的谏诤言论，大胆泼辣，精辟深刻，成为商王治国的座右铭；他亲自实践，辅佐商王发展生产，改善民生，富国强兵，传达王命，调兵遣将，征伐常来侵扰的周边游牧部落和氏族、方国。商朝疆土扩大，四方归服，达到了最强盛的时期。傅说以他精辟深刻的思想理论和行政实践的光辉业绩，成为我国历史上最早的“圣人”。

历史拓展

关于武丁的臣子，史书记载的只有甘盘和傅说两个人，但是甘盘见于卜辞，称作“师般”，傅说则不见于卜辞。卜辞中的师般就是文献记载中的武丁的老师和卿士甘盘，目前已经是学界的共识。师般（甘盘），是唯一一个既见于卜辞又见于文献记载的武丁大臣。

武丁在年轻的时候曾就学于一位名叫甘盘的学者。商王小乙时，甘盘即为大臣。小乙将崩，甘盘受遗辅政。武丁即位之初，得到甘盘的大力辅助。这位被后世推崇为贤相的甘盘，根据历来学者的考证，便是甘氏的始祖。

在傅说、甘盘和祖己等大臣的协助下，武丁修政行德，商朝国力越来越强大，从而走上了向外扩张的道路。

武丁经略四方

商王朝的四周分布着许多方国和部族，他们与商王朝的统治区域犬牙交错，时常侵犯商朝边疆。国力日益强盛的商开始有能力与周边的部落和方国进行战争。武丁征战四方，发起了一系列战争，从周边部族掠夺了大量人口、土地与财富。

根据甲骨文卜辞以及有关文献，武丁经常征伐的方国与部族主要有𢀛方、土方、鬼方、羌方、亘方、御方、马方、印方、黎方、夷方、井方、祭方、大方等，这些方国主要位于商朝的北部、西部和西北部。

在武丁卜辞中，攻伐𢀛方的记载最多，达300多次，如此高的频率在古代社会也十分罕见。商朝对外作战经常出动的兵员人数在3000～5000人，在当时来说已经是不小的规模。后来𢀛方再未被提及，可见在频繁的打击下，𢀛方终于被商王朝征服。

土方位于𢀛方的东面，有学者认为卜辞中的土方是文献中记载的古杜国。商王朝对土方的战争也以胜利告终，在武丁以后的卜辞中也已不见土方的名字。

鬼方是比𢀛方和土方更偏北的一个游牧民族，据说是后来匈奴民族的祖先。关于攻伐鬼方的记载很多，《周易·未济》中记载："高宗伐鬼方，三年克之"，甲骨卜辞中记载的"鬼方易"，即鬼方向远方逃走或迁走。高宗即武丁，殷商用三年的时间征伐鬼方，却最终未能完全将其彻底击溃，这足以说明当时鬼方的实力是相当强大的。考古发掘及研究显示，鬼方后来迁到了南西伯利亚东起贝加尔湖西至巴尔喀什湖一带。武王克商后，鬼方人的分支如隗姓便从属于周，并且不断内迁到中原，逐步与华夏民族融合到一起。

羌方主要活动在今陕西西部和甘肃一代，其中最主要的两个部落是北羌和马羌。他们与商朝的关系战和不定，卜辞中既有北羌或马羌向商王进贡卜骨的记载，也有大量商朝征伐羌人的记录。就战争规模来看，对羌方的战争无疑是最大的，最多的一次曾调动 13000 人。大部分被俘的羌人都被当做献给神灵的祭品。可以说，商人祭祀所用的人牲主要来源就是羌人，最多的一次用过 300 多名羌人人牲。

对于新的领地，武丁有时直接封给征伐的将领，如象雀就被封为"雀侯"；或封当地臣服的氏族方国首领为侯伯，象犬侯、祝伯等。甲骨文中记载的被封的侯有五十余个，伯有近四十个，说明商征伐了大批氏族方国。另外，臣服于商的氏族方国，对王朝不仅有贡纳义务，也经常奉命征伐。

▲ 商代武丁时期玉龙

除了军事征讨外，联姻也成为商朝的政治措施之一。商朝先通过征伐使其臣服，然后通过联姻，或娶诸侯之女为妃，或将商王室之女嫁给侯、伯，这也是巩固商与诸侯国关系，加强国家统一的有效方法。

商之所以能大胜四方，是因为商的文明程度远远高于周边部族，很多氏族方国还过着原始落后的游牧生活。商的征服，无形中也播撒了中原地区先进文明的种子。在征讨结束后，商会在征服的地方建筑城邑，或进行武装殖民，使之逐渐被同化。

在武丁的开拓下，商王朝的疆域空前扩大，国力达到鼎盛。商文化的影响所及，东至滨海，西至秦陇，南达湘赣，北至内蒙古，东北延伸到辽宁西部，东南则远至苏皖南部。武丁因为杰出的成就，被后世商人尊称为“高宗”，他在位这段时期被称为“武丁中兴”。

第一位女军事家妇好

在甲骨卜辞和少量铭文青铜器上，“妇好”的铭文频频出现，仅在安阳殷墟出土的10000余片甲骨中，提及她的就有200多次。这让人不禁好奇，三千多年前的妇好究竟是怎样的一个人？

妇好，好姓，妇是尊称。她是商王武丁之妻，即祖己引的母亲。死后庙号“辛”，生活于公元前12世纪前半叶商王武丁时期。武丁虽然妻妾众多，有60多位，但是真正的“法定配偶”只有三个人，她们分别是妣辛、妣戊、妣癸，而妇好的另一个名字就是妣辛。

铜器铭文中又称妇好为“后母辛”，即乙辛，周祭卜辞中所称的妣辛。祖庚、祖甲的母辈“母辛”也就是她。

出土的大量甲骨卜辞表明，在武丁对周边方国、部族的一系列战争中，妇好曾多次受命代商王征集兵员，屡次亲身上

历史拓展

甲骨卜辞中记载，有一年夏天，北方边境发生战争，双方相持不下，妇好自告奋勇，要求率兵前往。武丁犹豫不决，占卜后才决定派妇好起兵，结果大胜。武丁从此对妻子刮目相看，封她为商王朝的军事统帅。从此，妇好东征西讨，前后打败了周围二十多个方国。当时作战出动的人数都不是很多，一般也就上千人，和大规模械斗差不多，但根据记载，妇好攻打羌方时，一次带兵就有一万三千多人，这已经是相当惊人的兵力了，也说明了商王对她的绝对信任。

阵，征战沙场。她曾统兵10000多人攻伐羌方，俘获大批羌人，成为武丁时一次征战率兵最多的将领。她还参加并指挥了对土方、巴方、夷方等的重大作战，著名将领沚、侯告等常在其麾下。在对巴方作战中，妇好预先设伏，断巴方军退路，待武丁自东面击溃巴方军，将其驱入伏地，予以歼灭，堪称中国战争史上记载最早的伏击战。

妇好也曾率兵镇压奴隶反抗斗争，竭心尽力维护奴隶主阶级统治和特权。妇好深受武丁信任，被封于外地，担负守土、从征的重任。

国之大事，在祀与戎。妇好虽为女子，却经常受命主持祭天、祭先祖、祭神泉等各类祭典，又任占卜之官，为武丁统治集团的重要成员，这种情况在后世漫长的封建社会里再未出现，也几乎是不可想象的。

值得注意的是，妇好并不总和武丁住在一起，而是经常待在自己的封地里。王后拥有自己的封地和财产，这种现象在当时也并非个例。武丁的妻妾兼女将除了妇好还有好几个，有名字记载的还有一位妇妌，地位仅次于妇好，也曾多次率师远征，同时为武丁管理农业和内政。她被封于井方，也就是今天的河北邢台。

在妇好墓的出土文物中，各类武器共有120多件，可见她确实是一位骁勇善战的巾帼英雄。

历史拓展

妇好鸮尊是迄今发现的最早的鸟形酒尊，它造型实用、纹饰精巧，具有极高的艺术价值和实用价值。其表面纹饰的主纹高出器物表面，阴线的刻纹相辅；整件鸮尊的纹饰主次分明，有着鲜明的层次变化，具有商代铜器的大气肃穆和独特神韵，被选为河南博物院“九大镇院之宝”。有的专家甚至说，青铜鸮尊就是妇好的“代言人”，见证着这位传奇女性的一生。

武丁为什么能做到“中兴”？

穷途末路的王朝

商王武丁统治的五十九年，是商代最强盛的时期。武丁之后，统治者自以为国势强盛，越来越腐败，社会矛盾日益尖锐，奴隶和平民不断反抗，逃亡一直在增加，这一切也引起了统治者的恐慌。

狂妄的武乙射天

武乙，子姓，名瞿，商王庚丁之子，商朝第二十八任国君。公元前 1148 年，商王庚丁去世，武乙继位。

继位之初，武乙雄心勃勃，他扩充军队，加强武备，以武力征伐叛乱的各方国，很快便将商王朝的统治稳定下来。而在屡次胜利的喜悦中，他开始变得骄纵而狂妄。

商人对鬼神极为崇敬，占卜是史官们常常借以劝诫君主的方法。武乙对此不以为然，他只相信自己的武力。有一次，他命人造好木偶，称之为天神，要与之赌投掷。木偶当然无法动弹，他就命史官代替天神投掷，史官不敢赢他，武乙得意地哈哈大笑，还趾高气扬地对大臣们说："你们敬畏的天神又怎么样呢？还不是我的手下败将！"不但如此，他还命人剥下木偶的衣冠，对其进行抽打和侮辱，最后将其毁灭。这种行为在当时是耸人听闻、不可想象的。

对武乙来说，这还远远不够，他还想进一步证明自己比天神强大。于是，他命人制作了一个皮囊，在里面装满猪羊的血，又让能工巧匠制作了风筝，将它放到天空。一切准备就绪，武乙命人召集全体

历史拓展

《史记·卷三·殷本纪第三》中记载："帝武乙无道，为偶人，谓之天神。与之博，令人为行。天神不胜，乃僇辱之。为革囊，盛血，卬而射之，命曰'射天'"。

大臣，说道："今天我就证明给你们看，是天神厉害还是我厉害！"他抬手一箭，射中空中皮囊，只见有血从空中滴落，武乙洋洋得意，骄傲地说："看，这就是天神被我射中所流的血！"群臣面面相觑，心中惴惴不安。

自此以后，再无人敢在武乙面前以占卜劝谏，武乙也越发狂妄，荒唐无度。某日，武乙带人在渭水之边围猎，忽然乌云密布，狂风大作，武乙坠马，仓皇逃窜。一时间雷电交加，大雨倾盆。雨过天晴后，不见武乙踪迹，众人急忙寻找，只见黄河岸边，武乙跪在地上，面目狰狞，已经被暴雷劈死了。

历史拓展

《史记·卷三·殷本纪第三》有载："武乙猎于河渭之间，暴雷，武乙震死。子帝太丁立。"

很多人因此传言，武乙是惹怒了天神，所以才被雷劈死的。鬼神之说不可信，但从这些传说里，却可以看出武乙行为是多么荒唐，又是如此倒行逆施才"获罪于天"的。

后继有人的帝乙

商王传到帝乙，已是第二十九代。帝乙勤政贤明，才干出众，妥善处理了殷商与周边部族的关系，开辟了东南与中原地区的交通，是个很有作为的君主，但他更为人所铭记的是他正妻所生的三个儿子。

长子名启，忠厚善良，爱护手足，尊敬长辈，从不与人争执，很有长兄风范。

次子名衍，号仲思，为启之弟，通达事理，老成持重，虽天资不高，但为人谦逊。

幼子受德，才华出众，思路敏捷，善于辩论，勇武过人，外貌英俊，比他的哥哥们更加引人瞩目，但为人傲慢轻浮，好大喜功。

帝乙本身偏向启，启为长子，为人忠厚，行事周全而稳重，在他看来，启继承

历史拓展

启、衍与受德虽为同母所生，但在生启和衍时，其母亲的身份还只是帝乙的妾，启即为庶出；受德出生时，其母已经成了帝乙的正妻，因此嫡子受德赢得了最终的继承权。

帝位似乎更加稳妥。但继承人人选毕竟事关重大，于是帝乙向大臣们征询意见。太史根据礼法认为，启虽好，却是庶出；受德资质优秀，又是正妻所出，更有资格继承王位。

帝乙认为很有道理，选择嫡子做继承人更加名正言顺，于是立受德为嗣。帝乙死后，受德即位，称帝辛，也就是葬送殷商基业并以暴虐闻名的商纣王。

而帝乙另外的两个儿子虽不能继承帝位，也被封为子爵。周朝初年，启被周成王封于商朝旧都商丘，成了周朝宋国的开国始祖，其弟衍在启死后继承了宋国君主之位。除此之外，据史料记载，衍还是大圣人孔子的祖先。

商纣王的早期功绩

帝辛，子姓，名受德，世称商纣王，约公元前 1075 年继位。商纣王在中国历史上是暴君的代名词，但他早期也是一名颇有作为的君主。

▲ 商纣王像

继位之初，帝辛锐意改革，不事鬼神，重视农桑，发展生产。面对宿敌东夷，他鼓励铸造兵器，深山练兵，持续对东夷用兵，制止了东夷向中原扩张，并将商朝势力扩展到江淮一带，使先进的中原文化向淮河、长江流域传播，推动了社会进步和经济发展，促进了民族融合，为中华民族的统一奠定了基础。特别是讨伐徐夷（东夷之一）的胜利，使商朝的国土扩大到山东、安徽、江苏、浙江、福建沿海一带。

商朝征服东夷后，疆土扩大，农业发展，财粮增多，帝辛便修建仓库，储粮聚宝。

酒池肉林

▲《封神演义》中的纣王和妲己

帝辛资质过人，却好大喜功，他口才出众，拒绝臣下劝谏，认为自己的功绩天下无人能及。

公元前 1047 年，帝辛向有苏部落再次发动进攻，这一次出战他带回了一个特别的战利品，那就是美人妲己。那时帝辛已老，妲己却还是青春少女，为了讨好妲己，他命乐师制作新的俗乐歌舞，派人搜罗天下的奇珍异宝，加重赋税，把鹿台钱库的钱堆得高高的，把钜桥粮仓的粮食装得满满的。他扩建园林楼台，用酒当做池水，把肉悬挂起来当做树林，并让男男女女赤身裸体，在其中追逐戏耍，寻欢作乐，通宵达旦。

炮烙之法

帝辛一边过着穷奢极欲的生活，一边变得极为残暴。他设置了一种名为“炮烙”的酷刑，即在铜柱上涂油，下面加火烧热，令罪犯在铜柱上行走，坠入炭火中活活烧死，可谓泯灭人性。

原本朝中设三公，为西伯侯姬昌、九侯、鄂侯。帝辛听闻九侯有个美丽的女儿，便命九侯献女，结果九侯之女不喜淫荡，惹怒帝辛，被杀，帝辛又将九侯也施以醢刑（剁成肉酱）。鄂侯为其争辩，极力劝谏，结果遭到脯刑（被制成肉干）。姬昌听闻此事，暗暗悲叹，却被人告发，帝辛因此把姬昌囚禁于羑里（今河南省安阳市）。姬昌便是后世所称的周文王。当时他的长子伯邑考在商朝做人质，担任为帝辛驾车之职。后因事触怒帝辛，帝辛烹杀伯邑考，并将他做成肉羹，赐给姬昌吃，又把姬昌囚禁在羑里七年。后来，周部族的臣子们多方营救，并向帝辛献上大量财富和美女奇物，这才使姬昌获释。而周与商的仇恨却是越积越深，无法挽回。

▲ 比干像

在政事上，帝辛宠信奸臣费仲，让其管理国家政事。费仲善于阿谀，贪图财利，激起民怨无数。帝辛又任用恶来，恶来善于毁谤，喜进谗言，诸侯因此与商加大了嫌隙。

西伯侯姬昌回国后，暗中加强德行修养，推行善政，不少诸侯背叛了帝辛，纷纷归服西伯侯。周的势力更加强大，帝辛也渐渐丧失了权势。

比干也是当时商王室重臣之一，是商王帝乙之弟，帝辛之叔。比干历经两朝，20 岁就以太师高位辅佐帝乙，又接受托孤之重，辅佐帝辛。传闻妲己怂恿纣王杀死比干，剖腹剜心，以印证传说中“圣人之心有七窍”的说法，比干因此被害死。

商容也为殷商末年贤臣之一，受到殷民们的爱戴。他不满纣的昏庸暴虐，经常犯颜进谏，惹怒了纣，因而被废黜。

▲ 周武王像

历史拓展

朝歌为商朝国都，位于今河南鹤壁市淇县，具有3000多年的古都史。商王盘庚时期，迁都于殷，武丁、武乙、帝乙、帝辛四个帝王皆以殷为都，后帝辛扩都至沫邑，并因城西朝歌山而称沫都为朝歌。殷是主要都城，朝歌只是陪都。纣王时代，朝歌十分繁华，有“朝歌夜弦五十里，八百诸侯朝灵山”的记载。

商王朝日益腐朽，岐周（今陕西省宝鸡市岐山县）的周族在姬昌的治理下勃然兴起。约公元前1046年，姬昌之子周武王姬发率兵与各路诸侯汇合，杀入商朝腹地，拉开了灭商之战的序幕。消息传到朝歌，纣王被迫召集守军以及奴隶和战俘迎战，双方最终在牧野决战。纣王不得人心，军队纷纷倒戈投降，大军顷刻间土崩瓦解。纣王溃败后逃回朝歌，自焚于鹿台，商朝从此灭亡。

“商”人去向

商朝灭亡，殷商的王族箕子不愿臣服于周，于是率领部分殷民北迁，与当地土著建立了“箕氏侯国”，史称“箕子朝鲜”。西汉初期，燕王卢绾部将卫满灭掉箕子朝鲜。

历史拓展

卫国，立国前后907年，共传41位国君，是存续时间最长的周代诸侯国，也是姬姓诸侯国中最后灭亡的国家。生于卫国的历史名人有：商鞅、吕不韦、许穆夫人、端木赐、李悝、鬼谷子等。公元前254年，卫被魏国攻灭，公元前241年秦取濮阳等地，公元前239年，卫元君被迫迁往野王，卫国此时已名存实亡。公元前209年，卫君角被秦二世废为庶人，卫国彻底灭亡。

周武王分封诸侯时，仍然分封纣王的儿子武庚于殷，以奉其宗祀。周武王为防武庚叛乱，又在朝歌周围设邶、鄘、卫三国。朝歌以东设卫国，以管叔鲜为卫王；朝歌西与南为鄘国，使蔡叔为鄘王；朝歌以北为邶国，使霍叔为邶王，共同监视武庚。此时，武庚留居在纣宫（今河南省鹤壁市淇县的西坛村、三海村一带）续殷祀。

武王死后，儿子周成王姬诵幼年继位，武王之弟周公旦代成王掌管国事。对此，管叔、蔡叔皆不满，散布周公想篡位之谣言，并串联武庚起兵反叛。周公和召公为保周江山，“内弭父兄，外抚诸侯”，周公以成王命率军东征，伐朝歌叛军，武庚兵败被诛。周公又杀管叔、放蔡叔、贬霍叔，将朝歌“殷顽”迁于洛阳管教。

武庚被周公杀死后，未卷入叛乱的纣王庶兄微子启被周成王封于商朝旧都殷地，建立宋国，以奉商朝宗祀。在周朝，宋国也常常自称“商”。战国时，宋亡于齐。

时间轴　公元前1147年—公元前1046年

公元前1147～公元前1113年	商王武乙在位，残暴无道，获罪于天
公元前1101～公元前1076年	商王帝乙在位，选帝辛为继承人
公元前1075～公元前1046年	商王帝辛在位，世称商纣王，宠爱妲己，殷商灭亡

商王朝是如何走上灭亡的道路的？

商王朝的统治

殷墟的发掘，确证了中国商王朝的存在。商朝处于奴隶制鼎盛时期，奴隶主贵族是统治阶级，形成了庞大的官僚统治机构和军队。从社会分层看，可分为王族、贵族、平民宗族和奴隶，其中王族与贵族居住在城市以及统治中心区，平民则分布在城区内或四周。中国奴隶制与古希腊、罗马奴隶制不同，他们不是生产奴隶，而是家内奴隶。各地诸侯方伯都居住在自己的领地，管理自己的族众，真正的农民则居住在田野村落。手工业者大都居住在王畿或小城内，服务于统治者，手艺世代相传，父职子继。从王族到平民乃至奴仆，都以家族为基本生存单位，世代传承，很少流动，社会阶层极其稳定。

商朝都有哪些“官儿”

据史料记载，早在夏朝中央官吏就有“六卿”，还有“庖正”“牧正”和“九州之伯”等地方官，又有“夏有乱政，而作禹刑”的说法，说明夏朝时已经有了国家权力机构，并设置了官职，制定了刑法。商代则已建立了较为完备的国家机构，不仅存在各类职官、常备武装，还制定了相应的典章制度。

商王朝的职官有内外之别，内服官在中央任职，外服官则被封于王畿之外。其中，内服官又分为外廷政务官和内廷事务官，最高的政务官拥有协助商王进行决策的权力，称“相”，又称“阿”“保”“尹”。

商朝掌占卜、祭祀、记载的职官称“史”，掌占卜称“卜”，掌祈祷鬼神的称“祝”，掌记载和保管典籍的为“册”（又

历史拓展

庖正，即掌厨、厨官（庖：厨房；厨师。庖人：官名；厨师）。庖正是夏朝一个职官的名称，负责掌管饮食，为庖人之长。同类的还有牧正，牧官之长，主管畜牧；车正，职掌车服诸事。

称守藏史、内史），武官之长称“师长”，乐工之长称“太师”“少师”等。

商王朝高级官吏统称卿士。三公，此时还只是因人而设的一种尊贵职称，并不是常设官职。

甲骨文中的侯、伯、子、男、任等称呼，都指的是分散于地方的诸侯。他们有自己的职官和军队，自给性较强，但承认商王朝的宗主权，并履行一定的义务。如果诸侯违逆商王命令，则会受到惩罚。纣王囚禁周文王，就是王权对诸侯权力的证明。

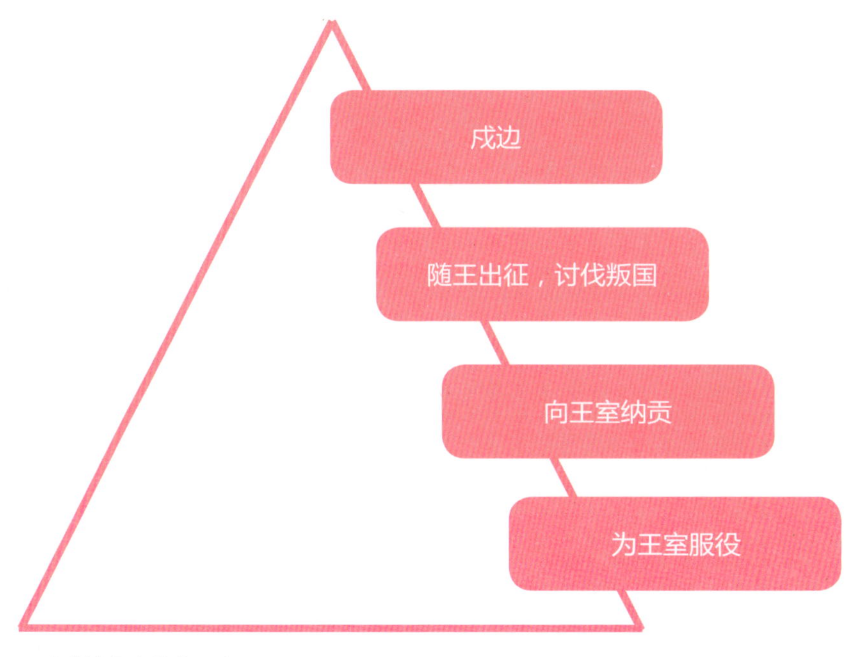

▲ 商代诸侯方伯的职责

商朝法制：听命于神

大量的甲骨文卜辞表明，殷商统治者每遇大事都必须进行占卜，以便消灾祈福。“听命于神”可以说是商朝法制的指导思想和基本特点。将祖先崇拜与天神崇拜相结合，使神为政治统治“服务”，是商朝神权政治高度发展的重要标志。除此之外，商代也已经进行了“立法”活动，商朝法律的总称为《汤刑》，是后继者为了纪念汤而命名的，《汤刑》的使用贯穿了整个商朝。

夏商两代的司法体制和职能依然与行政、军事体制紧密结合，并未独立，具有鲜明的天讨、天罚以及神判的特色。当审判制度产生后，作为刑罚执行机构的监狱也出现了。

商代的常用刑罚主要有墨、劓、刖、宫、大辟等，主要特点是野蛮严酷，随意擅断，明显具有“临事制刑”的特点。

历史拓展

肉刑是对犯人切断肢体或割裂肌肤之刑，主要包括墨（刺面并着墨）、劓（割鼻）、刖（斩足）、宫（割势）四种，起源于“杀人者死，伤人者创”的原始同态复仇论。至夏商周成为国家常刑，有三典五刑之说，秦及汉初相沿不改。

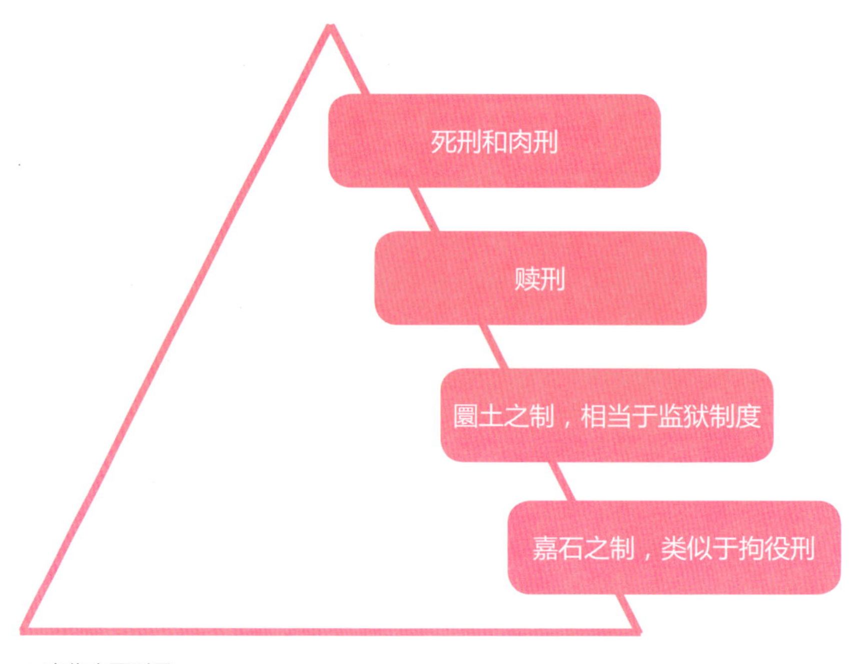

▲ 商代主要刑罚

商代军事

作为商朝军队的最高首领，商王无论是亲征还是授权将领，都要先禀告祖先，举办一场盛大的祭祀。王以下设有以下武官：师、马、亚、射、卫、戍等。

商朝的军队由三个部分组成：王室军队、诸侯国军队和贵族武装，其中“王师”特指王室军队，是主力部队，诸侯国军队则在师前冠以某侯名，如“雀师”“犬师”“吴师”等；族军则是贵族的私家武装，如子族、多子族、三族、五族等。这些贵族的私家武装在春秋战国时迅速壮大，成为各诸侯国称霸的主力军。

军队称为“师”或“旅”。步卒编制称“行”，分左、中、右编制。原始征兵方式是临时性的击鼓聚众。到武丁时，则将居民按军事建制编制起来，战时只需命将于庙，就可率军出征。不过，战车仍是打仗的主力核心。

编入“王师”中的成员，称为“邑人”，即居住在王都及附近的平民。考古人员从安阳殷墟中发现大量中小平民墓葬，其中的男性成员多陪葬有兵器。王室统领的中央军，无论是在数量、素质还是装备上，都优于地方诸侯与方国的国军和族军。

农牧业、手工业与商业发展

与夏代相比，商代的农业有了进一步的发展。商代农具仍以木、石、骨、蚌材质为主，有斧、铲、耒、耜、镰、刀、臼、杵等多种形式。青铜金属贵重，由于铜的原料有限，所以商代农业生产基本还是停留在石器时期的技术水平上。在铁制工具普遍使用后，木石工具才逐渐消失。

历史拓展

夏商周时期的青铜主要用作武器、食器和礼器，农具仍以木、石、骨为主。最原始的农具是木质的耒耜。耒是古老的挖土工具，从原始社会挖掘植物的尖木棍发展而来；木棍下端设一横木便于脚踩，易于入土，这就是单尖耒。单尖耒发展为扁平的板状宽刃，就成了木耒。

商代农业已经发展到精耕细作的锄耕阶段。甲骨文中的“田”字有多种写法，但都是方方正正的形态，说明是历代人修整过的土地，这必然比之前有更高的产量。在商代，人们已经懂得了土地翻耕的重要性。武丁时期的卜辞中记录了不少卜问派遣某人主持翻耕土地的命辞，可见翻耕田地已经成为商代农业活动的重要组成部分。田地经过翻耕再行播种，较之以前直接在土地上播种，显然又是一种巨大的进步。

在商代，人们对农作物生长期间的田间管理十分重视。从卜辞所反映的情况看，当时人们已经知道了薅除杂草、浇水施肥和除害保收，并且已经采用了人工灌溉及排涝、使用粪肥、烟火驱虫及棍棒逐鸟等多种田间管理技术。

在商代，人们收获庄稼后，并不丢弃作物的基秆，而是用作建筑材料或当作能源。农业技术的进步使粮食产量得到很大的提高。在商代遗址中，经常发现用于储藏粮食的窖穴，它们挖在地下，最深的可达八九米，还用草拌泥涂抹起到防潮作用。

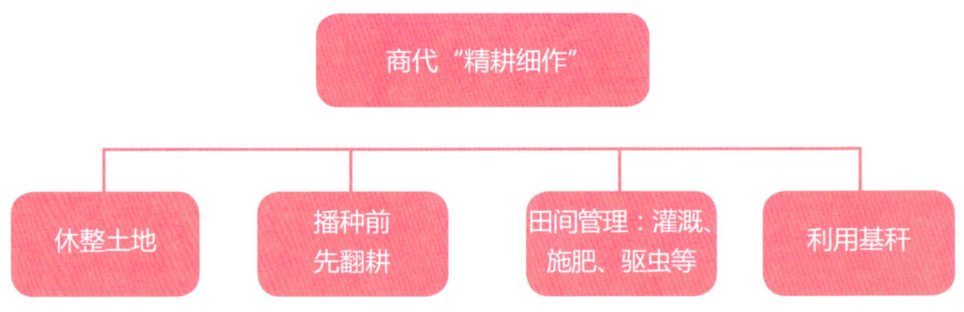

▲ 商代农业上的"精耕细作"

甲骨文中有禾、麦、黍、稷、稻、粟、米、糠等名称，可见商代农作物种类繁多。商代贵族嗜酒成风，酿酒的主要原料是黍和稷等谷物，这也反映了当时粮食生产的巨大发展。

畜牧养殖业在商代已经发展完善，后世所有家畜，殷已种类全备；为战争和其他事务，还特别训练了"象"。祭祀需要的大量牺牲也来源于此。殷掌握了猪的阉割技术，开始了人工养殖淡水鱼。

商代手工业全部由官府管理，分工细，规模大，产量大，种类多，工艺水平高，特别是青铜器的铸造技术出现了巨大的进步，成为商代文明的象征。殷墟发现了很多石工、玉工场所以及铜工场所，此外皮革、酿酒、舟车、土木、养蚕、织帛、制裘和缝纫等产业，都可在甲骨文中寻到踪迹。

商代也已出现商业活动。考古发掘的商代遗址中有产于东海、南海乃至印度

▲ 商代贝币

洋的海贝、鲸鱼骨、海蚌、海龟，还有来自新疆的玉石。考古证明，贝在商代已经发展成为一种用于商品交换的货币。妇好的墓葬中出土了6000多枚贝，说明贝作为财富成为殉葬品已经非常普遍。除了真的海贝外，还有骨贝、玉贝和铜贝，特别是铜贝的出现，说明铸造货币的未来已经不远。

> **历史拓展**
>
> 商族先祖王亥曾经用牛载着各种商品进行商业活动。有学者推测，因为商人擅长贸易，所以古代把从事商业活动的人都称为“商人”。

人殉和人祭

商代普遍存在人殉和人祭。人殉是把人作为“人”奉献于死者，被殉之人主要是近幸，包括与死者关系最密切的妻妾、宠臣、近侍和奴婢等。这些人的身份既有贵族，也有警卫和家内奴婢，以保证死者在死后仍能过着像生前一样的奢华生活。商代贵族墓葬几乎都有殉人，少则一二人，多则几十人乃至几百人。

在祭祀天神和祖先时，除了宰杀牲畜，还要杀人为祭品，即以人为牲。人祭以俘虏为主，也有奴隶。在甲骨文卜辞中，有关人祭的就有约2000条，以武丁时期最多，一次用人最多为500人，其中包括青壮、妇女以及幼童。

这些事实都说明，商代还处于奴隶制的不发达阶段，战俘也多用于祭祀牺牲，而不是转变为从事生产的奴隶。

偃师商城

城市的出现，是一个社会生产力和生活水平发展到一定程度的综合反映，是文明发生最重要的标志之一，也是社会文明发展水平的综合体现。目前已经发现的商代城址，主要有郑州商城和偃师商城两座。

偃师商城位于今河南偃师城西的尸乡沟，与二里头遗址距离6000米左右，是目前商代早期商城城址中规模最大、布局结构最清楚、保存最为完好的都城遗址，也是夏商文化的界标。

历史拓展

偃师商城出土了大量精美文物，确定当时已使用铜、锡、铅合金。大量的文物，从各方面反映出商代王室和平民生活场景。这些文物按材质分为金器、铜器、玉器、陶器、原始瓷器等，按用途分为生活用器、生产用器、礼仪用器、丧葬用器及冥器、装饰品等。

偃师商城内部的布局，讲究中轴对称，规则整齐，包括大城、内城及宫城三重城垣。大城平面呈长方形，南北长1700余米，东西宽约1215米。内城形制与大城相同，南北长约1100米，东西宽约740米。宫城居中，平面为正方形，内有众多大型的宫殿遗址。城内拥有若干条纵横交错的主干道，也拥有大型的排水设施、池苑建筑和大量房屋。城内还有手工作坊的遗迹。

你认为商代与夏代相比，有哪些方面更为“文明”？

商代青铜文明之音

中国的青铜文化起源于黄河流域，始于公元前 21 世纪，止于公元前 5 世纪，经历约 1600 年，大体上与文献记载的夏、商、西周至春秋时期的时间相当。

殷代都城遗址殷墟中发现了大量青铜器，如矢镞、勾兵、矛、刀、斧等，可见青铜器的铸造在殷商时期已经臻至纯熟。殷商是青铜时代的鼎盛时期。

商代的青铜文化

公元前 16 世纪，居住在黄河下游的商族首领汤起兵灭夏，建立了中国历史上第二个奴隶制王朝——商。商代经济有了进一步发展，城市规模逐渐扩大，青铜铸造技术突飞猛进，创造了灿烂的青铜文化，中国的青铜文化也攀上了第一个高峰。

从用途看，商代青铜器的种类可分为礼器、兵器、生产工具及其他生活用具等，其中礼器所占比重最大，种类也最多。

▲ 商代青铜斝

所谓礼器，又称彝器，是古代贵族在举行祭祀、宴飨、征伐及朝会等各种礼仪活动中使用的器物。商代敬鬼神，各种祭祀有着严密的规制，所以青铜被大量用于制作礼器。礼器种类包括烹炊器、食器、酒器、水器和神像类，有用于烹煮的鼎、鬲、甗，有用于盛储的簋、豆、盘、盂，也有用于行乐的铜铙，但最多的还是酒器，有爵、觚、斝、壶、角、尊、卣、盉等，这反映了饮酒与礼制生活的紧密关系。

礼乐器可以代表当时青铜器制作工艺的最高水平。在所有青铜器中，礼乐器数量最多，制作也最精美，纹饰种类也较多。这些青铜礼乐器是不能在一般生活场合使用的，而是或陈于庙堂，或用于宴饮、盥洗，带有一定的神圣性。

> **历史拓展**
>
> 商朝晚期，最高统治集团十分腐朽，王朝内部酗酒成风。到商纣王时，这种尚酒之风更是不可遏制。周初人们总结商朝灭亡的原因时，将酗酒归为重要因素。

除此之外，青铜器所制兵器有戈、矛、剑、戟、斧、钺、箭镞；生产工具有锛、凿、斤、刀、钻、锥、削、锄、铲、镢等。当时农业和手工业依然用石制工具，青铜制工具虽得到广泛应用，但以手工业居多，农具较少。渔猎在商代经济生活中占有一定的地位，考古也发现了用青铜制作的渔猎工具，如鱼钩、镞等。生活用具主要有铜镜及各类车马器、装饰品等。可以说，商代青铜制品已经涉及社会生活的各个方面。

从铸造工艺看，商代青铜的铸造工艺相当完备，一般要经过选矿、配料、熔炼、制模、翻范、合范、浇铸、修整等一系列工序，青铜合金的比例也在摸索中逐渐合理。例如，根据《周礼·考工记》的记载，为达到较高的强度和韧性，铸造“钟鼎”的配方是“六分其金（铜）而锡居一”，而商代青铜器代表作著名的司母戊大方鼎，其合金成分比例正与之相符合。

青铜器铸造需要复杂的劳动分工和协作。如果器件较小，可用浇铸法一次成功，大的器件则要先行铸造各个部件，然后再合铸成一个整体。

商代的青铜器能达到如此高的水平，与高度发展的青铜冶铸业是分不开的。在安阳苗圃北地发现的商代晚期铸铜作坊遗址，面积广阔，达一万平方米以上，出土的熔铜炉直径达 0.83 米。此外，还出土了大量陶范及陶，主要是做青铜礼器的范，其中一件鼎壁范长达 1.14 米，比著名的司母戊鼎还要大。

商代的青铜器具尤其是礼器，造型多样，或庄重古朴，或瑰丽奇特，或风格独特，极具特色。在商代青铜器的精品中，最具代表性的是出土于殷墟的司母戊大方鼎和出土于湖南宁乡的四羊方尊，其中司母戊大方鼎是迄今为止世界上所发现的体量最大的古代青铜器。四羊方尊方肩的四角，附着四只向外半伸的羊身，

▲ 四羊方尊

羊角卷曲，生动逼真；其器身四壁又用蟠龙为饰，双角龙头正好点缀在每两只羊头之间，布局新颖奇特。整个器身的雕镂精美绝伦，充分展示了商代青铜器制作的高超技艺。

商代青铜器制作精美，表面一般还铸刻着瑰丽多彩的花纹。开始是较为简单的动物纹、几何纹和无底纹；后来纹饰日渐繁缛，开始以复杂的饕餮纹、夔龙纹、蝉纹、云雷纹、蟠龙纹为主，其中云雷纹是最常见的底纹，底纹之上往往再铸刻其他各种主题纹饰。

商代青铜铸造产业达到空前规模。历年来出土的商代青铜礼器，即有数千件之多；如果加上兵器、车马器及工具的话，总数则以万计。铸造大型青铜器，需要很大的生产规模。据估计，像司母戊鼎，要完成从制模、翻范，浇铸到后期修饰全过程，再加上运输、管理，总计得需 300 人以上。其中仅灌注熔铜这道工序，就需要 250 多人同时配合。没有青铜铸造业的巨大发展，是不可能创造出以巨型青铜器为标志的灿烂青铜文明的。

从地域上看，商代的青铜铸造技术已经十分普及。北起辽宁东部，南至长江流域，西起陕甘，东到江浙，考古工作者都曾发现过商代的青铜器，而且这些青铜器除极个别者以外，绝大多数都是在本地制造的。

商代青铜器的特点是什么？为什么有这样的特点？

第五章

封建之始 西周王朝

周王朝（前 1046 ～前 256 年）是中国历史上继商朝之后的第三个王朝。周王朝共传国君 32 代 37 王，享国共计 791 年。周朝分为“西周”（前 1046 ～前 771 年）和“东周”（前 770 ～前 256 年）两个时期。西周由周武王姬发创建，定都镐京；公元前 770 年，周平王东迁，定都洛邑，此后这段时期被称为东周。史书常将西周和东周合称为“两周”。

周族起源，奠定基业

帝辛继位时，商朝各种社会矛盾已经空前激化，各地反商势力此起彼伏，商王朝穷于应付。就在商王朝日趋腐朽之际，生活在岐山脚下的周族勃然兴起，这个以农业闻名的部族在不知不觉中已赫然成为西方的一个强大方国。

周人起源

周族先民很早就居住在我国西北部的泾水、渭水一带，即陕西中部和甘肃东部的黄土高原地区。周人的祖先是帝喾之妃姜嫄的儿子弃，即后稷。

弃从小和母亲生活在有邰氏部落。有邰氏部落是一个农业部族，受其影响，弃对种植产生了浓厚的兴趣，每天都泡在田间。经过他精心栽培的各种农作物都能茁壮成长，他还整理出一套提高农作物产量的办法，其他部族的人

▲ 后稷像

纷纷向他请教。

当时的尧帝听说了他的事迹，将他任命为“农师”，由其掌管农业。弃不负众望，培育出了黍、麦子、大豆、麻等许多作物，不仅增加了食物来源，人们也开始用麻制衣。

> **历史拓展**
>
> 《史记·周本纪》中记载，帝喾之妃姜嫄，履巨人迹受孕生后稷，“后稷之兴，在陶唐、虞、夏之际，皆有令德。”有人认为后稷是上古农官的通称，被周人假作始祖。

舜帝即位后，将有邰氏部落所在地区都封给了弃，并赐姓为“姬”。后世因感念弃的恩德，奉他为“谷神后稷”。

传说虽然不足为信，但可以看出周族起源的轨迹。周人之所以奉弃为祖先，可能是因为从他开始周族才建立起独立的父系氏族部落。

先公时代

从弃开始，到周武王建立西周，这段历史时期被称为“先公时代”。周人先公不窋在夏王朝政局混乱时，带领族人迁移，从此与戎狄杂居，也因此放弃了擅长的农耕，改为从事畜牧业，这是周人发展的低落期。

到不窋的孙子公刘时，周族与戎狄游牧部落错杂混居，由于双方生活方式不同，经常发生矛盾和冲突，于是公刘有了迁居之意。他带领大家长途跋涉，来到了泾水中游的豳地，这里倚靠河流水源，是肥沃的平原，周族开始迅速发展，并在这里建立了周族宗庙。公刘迁豳是周族发展历史上的里程碑。

随着时代变迁，到古公亶父时，戎狄的势力逐渐扩大，周族不得不再次面对和戎狄的矛盾。

古公亶父，一名古公或公亶父，姬姓，名亶。据推算，古公亶父是轩辕黄帝第十六世孙、周祖后稷的第十二世孙，也是周文王祖父，是周王朝的奠基人。后来武王得天下，追尊古公亶父为周太王。

> **历史拓展**
>
> 《竹书纪年》中记载：“三年，自殷迁于河北。命周公亶父，赐以岐邑。”商王武乙三年（公元前 1145 年），武乙将都城从殷迁到黄河以北。同年，武乙将岐邑之地赐给周部落首领古公亶父。

古公亶父先是委曲求全，向戎狄进献物品，然而戎狄野蛮，极不守信，接受财物后依然多有侵扰。古公亶父决意带部族再次迁居，这一次他们向东南方向出发，翻越梁山，沿着沮水（今韦河）向西，渡过漆水（今横水河），来到了岐山下的周原。周原土地肥沃，适合定居，周族在此世代繁衍。自始至终，岐山对西周来说都是极为重要的政治中心。

对于古公亶父来说，冲出戎狄的包围后，首先要考虑的是未来的发展。为了营造一个良好的外部条件，他制订了以下对外政策基本方针，即加强与附近各部落的友好交往，东联强殷，西抗诸戎，臣服于殷商。

周族开始与原先住在渭水流域扶风、宝鸡一带的姜姓部族联姻。此后，姬姜两部落便世为婚姻，如武王妻名为邑姜，西周康王、穆王、孝王（或为夷王）、厉王、幽王的妻子均为姜女。

在古公亶父时期，周族得到了充分的发展与壮大。两次迁居，为周族赢得了广阔的生存与发展空间，奠定了周王朝的发展基业，尤其是第二次迁居，更是奠定了周王朝发展的基石。

商王杀周王

古公亶父之子季历成为新的周王后，周族在他的治理下日益兴旺，然而这却引起了殷商的忌惮。商王文丁杀季历于殷都，使商、周关系终告破裂。而周文王被囚，使双方关系进一步恶化。这一切在武王伐纣时得到了报复。

古公亶父有三子，长子太伯，次子仲雍，少子季历。作为长子，太伯深得古公亶父的器重，但他看得出父亲更喜爱弟弟季历以及季历之子姬昌。于是，他决定主动将继承权让给季历。为了斩断他人的念想，他带着二弟仲雍离开周地，远赴南方蛮荒之地，这就是历史上著名的“太伯让王”的故事。周部族见太伯坚决不受，便拥季历为王。后太伯在吴地建立功业，被拥立为王，国号“吴”。

季历不负众望，继续发展生产。当时殷商正值武乙在位，武乙曾授权季历征讨四方。季历英勇善战，向东灭程（今陕西省咸阳市）、向北伐义渠（今宁夏回族自治区固原市），并活捉了义渠首领献给商

历史拓展

《竹书纪年》：“三十四年，周公季历来朝，王赐地三十里，玉十瑴，马十匹。”

王武乙。后武乙之子文丁继位商王，季历被他任命为“牧师”，职司畜牧，成为商王朝西方诸侯之长，并执掌商朝西部地区的征伐大权。

季历大举出兵，降服许多部族，随之声威大振，以致很多部族主动投效于周。随着季历的名声越来越大，文丁开始变得不安起来，决定限制周族发展。在一次季历到殷都献俘时，文丁表面上大加犒赏，并封其为西伯侯，结果却忽然翻脸，将其囚禁，不久后，季历被杀害于殷都。

季历之死并没有削弱周族，反而使周族对殷商产生了极大的怨恨，也使周自此更加隐蔽和低调，暗中扩充实力，最后终于颠覆了商王朝的统治。

按照当时商周流行的看法，周代商是天意如此，对此你有什么想法？

天命在周：武王伐纣

约公元前 1046 年，周武王率领兵车甲士，会同各路诸侯，浩浩荡荡杀奔朝歌，拉开了灭商的序幕。

西伯侯姬昌

姬昌，姬姓，名昌，周太王之孙，季历之子，其父死后，继承西伯侯之位，故称西伯昌。姬昌勤于政事，重视人才，许多来自各地的人才以及弃商纣而来的贤士都被他收入麾下。姬昌拜吕尚为军师，问以军国大计，还发布“有亡荒阅”的律令，规定若奴隶逃亡就要搜捕，谁的奴隶归谁，不可藏匿逃奴。

▲ 周文王像

姬昌谨遵先祖、先父之法，倡导“笃仁，敬老，慈少，礼下贤者”，使周国的社会经济得以稳定发展。他还大力发展农业生产，划分田地，商人往来不收关税，采取“犯罪者妻子不连坐”等政策，使得农民有积蓄，税收有节制。姬昌本人崇尚勤俭，曾亲自到田间劳动，在他的努力下，周国实力日渐加强。

姜太公钓鱼

以武王伐纣为蓝本的《封神榜》的故事里，姜太公是最为引人瞩目的人物。在历史上，姜太公也确实辅佐了文、武二王，灭商兴周，成就了伟业。

姜子牙，姜姓，吕氏，名尚，号飞熊，河内郡汲县（今河南省卫辉市）人。因先祖辅佐大禹治水有功，被封于吕地，所以姜子牙又称吕尚、吕望。不过，到姜子牙时，家境已然败落，他空有抱负却没有机会施展。传说姜子牙曾做过酒肆的伙计，客栈的打杂，还做过贩卖货物的小商

历史拓展

《封神榜》又名《封神演义》，是一部中国神魔小说，其内容依托“周兴商灭”的历史背景，以武王伐纣为时空线索，从纣王降香开书，到姜子牙封三百六十五位正神结束。作者不可考，现存日本最古明刻本署明朝许仲琳编辑，也有一说为明代道士陆西星，约成书于隆庆、万历年间。

▲ 文王访贤

贩，但他始终勤奋刻苦地学习天文地理、军事谋略，研究治国安邦之道，期望有一天能施展自己的才华。可是直到 70 岁，姜子牙还是一无是处，闲居在家。

姜子牙 72 岁时，垂钓渭水之滨，借钓鱼的机会求见文王姬昌。周文王与之交谈后，认为姜子牙是个奇才，而姜子牙也确信周文王是值得辅佐的明君，便答应随文王而去。文王尊姜子牙为太师，称其为“太公望”。

姜太公辅佐文王、武王，伐商灭纣，立下功勋无数，“姜子牙钓鱼，愿者上钩”的故事也传遍天下。

周文王囚羑里

周文王在岐山之下，一心一意积善行仁，贤名远播，因此有很多人才来投奔周文王。对比之下，殷商纣王与臣民离心，政治越来越腐败。商朝诸侯崇侯虎听说周国在不断扩张，便密告纣王；纣王虽然狂妄，但也不会在这种事上麻痹大意，于是宣西伯侯姬昌觐见，随后将之囚禁于羑里，一关就是七年。

在这七年里，周文王无事可做，于是将伏羲所创八卦演变为八八六十四卦。

▲ 后蜀石经《周易》

该卦以简单的图像和数字，以阴和阳的对立变化，来阐述纷纭繁复的社会现象，显示成千上万直至无穷的数字，具有以少示多、以简示繁、充满变化的特点，后来衍生为《周易》一书。

周文王声望很高，纣王虽然关押了他，但还是担心他会威胁自己的统治，于是有人献计，将其子伯邑考杀了做成肉酱，给周文王吃，如果他分辨不出是自己儿子的肉，吃了，证明他也是肉眼凡胎，普通人一个，那就不必担心了。

历史拓展

伯邑考，姓姬，名考，周文王姬昌嫡长子，周武王姬发同母兄长。"伯"是其排行，"邑"一说是表明其世子身份，一说是担任"邑"这个官职。据《毛诗正义》引《大戴礼》记载，周文王十三岁时，生下长子伯邑考；十五岁时，生下次子周武王。《封神演义》中，为救父亲西伯昌而无辜被害的孝子伯邑考，被封为紫微大帝。

作为文王的长子，伯邑考十分担心父亲安危，急于去朝歌救父。结果刚到朝歌，便惨死于纣王屠刀之下。

被囚禁的周文王似有感觉，悲痛不已。使者驾临时，将一个食盒摆在姬昌面前，说纣王打到的鹿，赐他食用。周文王再三跪拜，表示感激涕零，并连吃三个肉饼，表情十分欢喜。

使者暗自叹息，认为传闻周文王能掐会算，能避吉凶，看来也只是徒有虚名罢了。就这样，周文王骗过了纣王耳目。纣王也如释重负，待收到周国进献的宝物后，便赦免了文王，还赐他弓矢斧钺，让他征讨叛国。

文王回到国内，将伯邑考的弟弟姬发立为太子，决意继续发展力量，立志向殷商复仇。

讨伐崇侯虎

周文王看到殷商日趋腐朽，再加上前几代的仇恨，便与谋臣姜太公制订了韬光养晦、秘密发展的战略。首先，文王不断以朝贡和贿赂宠臣的手段，继续赢得商王信任，又借商王所给的权限，征伐西北方的戎狄部落，消除周国东进的后顾之忧。周文王请求纣王废除"炮烙"之刑，争取民心；调节虞、芮两国的土地纠纷；还借助搜捕逃亡者的法令，争取流民入周，扩大了周的影响。

最后，他看到周通往朝歌的最大拦路虎——崇国，而崇国国君正是宿敌崇侯虎。

崇侯虎，为有崇氏国君，侯爵，名虎，受商封为侯，是纣王的重要羽翼。正因为崇侯虎的密告，周文王才被囚禁七年。与姜太公商议后，文王决意出兵崇国，扫清障碍。出兵前，文王先对军队进行了动员，他历数崇侯虎的罪行，指明对其讨伐乃是替天行道。

当西周军队打到崇国境内时，文王又宣布，凡是伤害无辜百姓以及损毁民房、砍伐树木、掠夺牲畜的，都将被重罚。西周军队军纪严明，赢得了百姓的好感和支持。但作为商王四大诸侯之一，崇侯虎兵力强盛，双方僵持了三年之久。

一天，密须国国王带三千人马和大量财宝向崇侯虎请求结盟。崇侯虎并不相信对方，密须国国王却连声叫冤，说自己的两个儿子皆被西岐军队所抓，求崇侯虎相救。崇侯虎半信半疑，只放了一千人马入城。

三日后，刚与周军作战结束的崇侯虎正在睡觉，却忽然被叫醒。原来，周军派人叫阵，威胁崇侯虎交出密须国国王。崇侯虎火冒三丈，立刻带人出城迎战。双方难解难分之时，城内忽然火光大冒，杀声震天，原来密须国国王早就与姜子牙约好，里应外合，攻破崇国。

打败崇侯虎后，西周的实力进一步壮大，也进一步动摇了其他诸侯的立场。西周的脚步更加深入殷商腹地，决战已经不远。

牧野之战

周文王五十年，文王驾崩，葬于毕原（今陕西省宝鸡市岐山县凤凰山南麓），嫡次子姬发即位，是为周武王。文王晚年时，周的影响已扩大到江淮流域，可以说“三分天下有其二”，灭商的条件已经渐趋成熟。

周武王一心继承父业，致力于兴周灭商。他对姜太公十分敬重，时常与之商议

历史拓展

岐山脚下的周原是周人的兴起之地，对此《诗经》如此描述，“古公亶父，来朝走马，率西水浒，至于岐下。”灭掉了位于沣河流域的崇国后，姬昌根据姜子牙的建议，在沣河中游建立了新的都城丰京。《诗经》有云：“文王受命，有此武功。既伐于崇，作邑于丰。”文王作丰，武王居镐，关中自此出现历史上第一个帝王都城。

▲ 周武王雕像

灭商大计。周武王将国都从沣水西岸迁到东岸，立新都镐京（今陕西省西安市），以便能及时出兵进军朝歌。

在出兵之前，武王想再一次确认殷商与周在诸侯间的人心向背，于是放出消息，决定在黄河渡口孟津举行“孟津观兵”，即大规模的军事演习。典礼上，武王将父亲文王的灵位安放在战车上，自称“太子发”，表示此次领军的人依然是文王。就在演习即将结束的时候，四面八方出现许多人马，原来是各路诸侯纷纷赶到。诸侯们对商积怨已久，此次会面，一时间群情激昂，立时便要出兵伐纣。武王拦住了各诸侯立即进军的想法，并以“诸位不知天命”为由告诉大家不要操之过急。他认为时机还未成熟，于是下令全军返回。就在此地，周与各方诸侯立下盟约，约定将来共举伐纣。

在接下来的几年里，纣王更加残暴无道，比干、箕子因忠言进谏一个被杀，一个被囚，连太师、少师都抱着商周宗庙祭器逃出朝歌。武王和姜尚认为到了兴兵的大好时机，果断决定出兵伐商，通告各方诸侯联合伐纣。

约公元前 1046 年，武王正式出兵伐纣。此次出征，周武王亲率战车三百，虎贲勇士三千，以及步兵数万人，出兵东征。武王仍将文王灵位安放于战车上，浩浩荡荡渡过黄河，孟津之会的诸侯纷纷前来会师，共同杀入商朝腹地，拉开了灭商之战的序幕。

牧野（今河南省卫辉市），东面是黄河，西面是太行山，北面一马平川距离朝歌仅七十里。黎明时分，武王左手拿着黄钺，右手拿着白旄在盟津庄严誓师，他先是历数纣王种种罪行，接着申明保持战斗队形以及不杀俘虏的纪律。誓师结束后，武王便率大军杀往朝歌，一路上势如破竹，很快便打到了离朝歌只有 70 里的牧野。

当消息传到朝歌时，朝野上下一片混乱。商军主力还在东征战场，难解燃

▲ 牧野之战

眉之急。迫不得已，纣王将留守的士兵以及大批奴隶和战俘武装起来，亲自率军迎战。

从数量上看，双方相差悬殊，然而武王军队纪律严明，训练有素，士气高涨，而纣王却把奴隶和战俘组编的队伍放在最前面，把商的“正规部队”放在后面督战。周军的三千虎贲率先冲杀过去，瞬间打乱了商军阵法。更令人吃惊的是，商军的前排军队纷纷调转矛头，直指纣王军队。

这些镇前倒戈的奴隶和俘虏本来就受尽虐待，怎么会再为商朝卖命？纣王的所谓“正规部队”作为留守国都的一部分，本就缺乏战阵练习，没有什么战斗力，很快便土崩瓦解。纣王见大势已去，狼狈地逃回朝歌。

武王率兵追赶，纣王躲进鹿台，绝望之下，自焚而亡。周军占领了朝歌，百姓齐声欢呼，殷商就这样覆灭了。

武王伐纣时，周的实力超过殷商了吗？

时间轴　公元前 1112 年—公元前 1043 年

公元前 1112～公元前 1102 年	商王文丁在位，处死周国季历，姬昌继任，称西伯
公元前 1075～公元前 1046 年	商纣王在位，囚禁西伯姬昌。后姬昌连续征伐周围方国，迁都于丰（今陕西西安）。去世后，周武王继承西伯之位
公元前 1046～公元前 1043 年	商、周于牧野大战，纣王战败自杀，商朝灭亡，周王朝建立，定都镐京

普天之下，莫非王土

周原本是一个小小的邦国，现在控制了商朝原来的统治地区，又征服了四周的许多小国，大大扩大了版图。如何长久地牢牢控制这大片的领土，成了周武王面临的一个严峻问题。最终，周朝采用了“封建亲戚、以藩屏周”的政策，把他的同姓宗亲和功臣谋士分封到各地，建立诸侯国，既可以建立藩屏，护卫王室，又可以稳定政局，镇抚各族，同时也能抵御外侮，巩固边防。

饿死不食周粟

殷商虽然无道，但却仍然有人固执己见，不肯顺应历史潮流，甚至殉商而

▲ 首阳山风景

亡，最有名的当属伯夷、叔齐两兄弟。

伯夷和叔齐原本是商朝孤竹国国君的两个儿子，伯夷是老大，叔齐是老三。孤竹君临终时，将国君之位传给自己喜爱的小儿子叔齐，叔齐却认为大哥伯夷仁义贤明，理当继承国君之位。伯夷却说一定要遵从父王遗命，甚至为避嫌还出走国外。叔齐见状，并未改变主意，索性也背起行囊，追随而去。

兄弟二人在白首之时才再次相见，相约找个安稳的地方养老，于是决定投奔贤名在外的周文王。遗憾的是，当他们二人赶到周时，文王已经逝世。兄弟二人失望而归，却在路上遇到了带着文王灵位出兵讨伐商纣王的武王。兄弟二人毅然上前，直接拉住武王的马缰绳，苦劝道："作为人子，你的父亲去世，你不安葬他，反而大动干戈，这是不孝啊！身为人臣，你不辅佐国君，还兴兵谋反，你这是不仁不义啊！"

武王周围的人听到这样的话，立刻就要诛杀二人。姜子牙却上前将两位老人扶起，赞叹了一句："真是仁义之士！"武王带领军队继续向朝歌出发，徒留二人在原地叹息。

武王灭商，天下归顺周朝。伯夷和叔齐却为自己没能阻止这种不道义的事而羞愧。既然无法改变天下大势，也就只能独善其身了，他们要做殷商的遗民，绝不做周朝的顺民。二人决定在首阳山（今山西省永济市）隐居，以野菜为食，不食用周朝的一粒米。

一个时常上山打柴的妇人听说了他们的故事，不由得讥笑道："普天之下，莫非王土，率土之滨，莫非王臣。你们二人吃的野菜难道不是周天子的吗？"

历史拓展

《伯夷列传》是司马迁所作的伯夷和叔齐的合传，冠《史记》列传之首。在这篇列传中，作者以"考信于六艺，折衷于孔子"的史料处理原则，于大量论赞之中，夹叙了伯夷、叔齐的简短事迹。

听到此话，伯夷叔齐如遭雷击。他们自此再不食野菜，只饮山泉度日。很快，他们的身体就垮了，甚至没有力气站起来。倚靠在一棵大树旁，二人感慨着尧舜禹的时代一去不复返，自己不愿与世俗同流合污却得不到世人的理解，不由得悲从中来。

伯夷叔齐最后饿死在首阳山上，百姓将其埋在在主峰西侧。虽然他们无视历史潮流，显得过于迂腐，但他们不食周粟的骨气却让人敬佩。

▲ 箕子陵

箕子献《洪范》

箕子是商纣王的叔父，曾官居太师之职，被封于箕。

箕子曾因装疯而被纣王羁押。武王克商之后，将箕子释放，并希望他能辅佐自己，被箕子婉言谢绝。武王询问箕子殷商灭亡的原因，箕子无奈缄口不语。作为商王室的一员，他虽对纣王有千般不满、万般无奈，却不愿在他人面前对自己的君主横加指责，何况纣王已死，再说也是无用。武王看得出箕子的心意，明白不能强人所难，便不再追向。

就这样，箕子率领殷商的一些贵族和遗老遗少离开故都朝歌，一路东进，进入朝鲜，并在那里创建了朝鲜历史上的第一个王朝：箕子朝鲜。武王出于对他爱国之心的敬佩，便派人到朝鲜封箕子为国君。

箕子的到来，改变了朝鲜半岛。随着箕子王朝的建立，荒芜的朝鲜半岛在以渔猎为主的生产方式基础之上，又增加了农业耕种。在一块块新开辟出来的耕田里，处处显示着商代先进的生产技术，孕育着无穷的生机。

在王朝建立之后，箕子也逐渐将商的各种法律制度在朝鲜试行，教化当地百姓，使他们不淫不盗，注重诗书礼乐、医药卜筮方面的学习，形成了良好的社会风气。

殷商的文化在朝鲜得到了延续和发展，箕子虽然感到欣慰，但也无时不在想念故土。据《东史纲目》记载，箕子在封于古朝鲜后的第十三年，曾回中原朝周，途经殷商旧都，感慨时移世易，乃作《麦秀歌》，诗曰：

“麦秀渐渐兮，禾黍油油。

彼狡童兮，不与我好兮。

麦秀渐渐兮，禾黍油油。

彼狡童兮，不与我好仇。”

这首《麦秀歌》被收入《史记·宋微子世家》等史籍，堪称中国最早的诗歌。诗的大意为：“朝歌的田野麦穗已秀齐，早秋的禾苗也已经染绿大地，你这个顽劣的小孩呀，不与我友好却自顾瞎淘气。朝歌大地上麦穗已秀齐，早秋的禾苗已经染绿大地，你这个可恶的小孩呀，不听我的话落下如此结局！”

历史拓展

在《论语·微子》当中，孔子把箕子、微子、比干三人称为殷商的“三仁”。仁者爱人，兼济天下，箕子显然做到了这一点。

该诗假借指责顽皮淘气的孩子，实际隐喻的是箕子对纣王不听忠谏而失去江山的痛惜，以及此刻箕子痛苦而悲愤的心情。来到周朝后，箕子发现武王礼贤下士，臣子踌躇满志，举国上下蓬勃向上。王者明，臣者忠，人民勤，这正是箕子心中的理想世界。箕子对武王渐渐生出好感，最终将自己创作的《洪范》献给了武王。

《洪范》中箕子向武王陈述了自己在九个方面的治国法则，全面体现了箕子的哲学政治思想。

《洪范》中的“王道”概念，给周公以灵感，后来提出“德政”。在《洪范》中，箕子论说治国安邦的规则有九条，“初一曰五行，次二曰敬用五事，次三曰农用八政，次四曰协用五纪，次五曰建用皇极，次六曰义用三德，次七曰明用稽疑，次八曰念用庶征，次九曰飨用五福，威用六极。”

意思是，治国安邦要讲究规则，第一是五行；第二是要慎重做好五事；第三是努力处理好八种政务；第四是协调使用五种计时方法；第五是建立最高法则；第六是用三德治理百姓；第七是明智地使用占卜来解除疑惑；第八是细致地研究各种征兆；第九是用五福劝勉臣民；用六极惩处罪恶。箕子之所以能够被世人称为思想家，是因为他在《洪范》中所论述的五行学说、天人感应学说、王道学说都具有开创性意义。

《洪范》作为中国古代历史上的“统治大法”，被后世的历代封建统治者所推崇。可以说，这些学说奠定了中国封建时代政治哲学的基础。

周天子分封

关于如何分封诸侯，武王、周公（武王的弟弟）和姜太公商议了很久，定下了以下内容。

第一类，分封宗室王族。相传周初分封时，重地和富裕之地都为姬姓所有，如文王姬昌第四子周公旦之长子伯禽，被封于曲阜，即鲁国；武王同母弟康叔被封于殷都旧地，即卫国。

第二类，分封有功之臣。周朝功臣首推姜太公，他被封于营丘（今山东省淄博市北），即齐国。此地是殷商的盟邦薄姑之民的故地，武王希望姜太公可起到震慑和监视的作用。

第三类，对古代帝王先贤的后代进行分封。这类封国一般较小，只具有象征意义。

总之，分封的对象主要是王室成员、有功之臣以及古代帝王先贤的后代。这

▲ 周王室分封诸侯的场景

历史拓展

周武王姬发分封姬姓宗室子弟和功臣为列国诸侯，为五等：公、侯、伯、子、男，其余则为附庸。这就是中国封诸侯建同姓的“封建”的由来。这些封国大小不等，有些是畿内的采邑，广泛地分布在中原地区内，与众多的旧国相互错杂，直接加强了周王室的统治力量。

些人被分封到各地做诸侯，被赋予代表周天子管理地方和人民的权力。荀子曾说，周初分封了七十一国，姬姓之国共有五十三个，占了其中的绝大部分。而在姬姓之国中，属于文王诸子的有十六国；属于武王之子的有四国；属于周公后裔的有六国。可以说如无意外，周王室子孙就都有被分封为诸侯的权利。

因此，周初的封建是与宗法制度密不可分的。一国如同一家，周天子是天下的大宗，众诸侯以周天子为尊。一国之内，国君是大宗，再封给同姓卿大夫土地（采邑），卿大夫尊国君做宗主。当时，同姓不婚的习惯已成法律。这样各国之间既是兄弟，异性又是甥舅，有天然血统关系相连，可以减少纷争。周天子称同姓诸侯为伯父、叔父，称异性诸侯为伯舅、叔舅。

各国诸侯按照各自的爵位向天子上交贡赋。天子和诸侯的收入，主要靠征收贡赋取得。

诸侯受封时，必须要举行册封仪式，周天子向受封者颁布册命，“授土授民”，即宣布封疆范围、土地的数量，同时赐给他们“民”，包括臣、仆（奴隶）、民献（殷俘）、庶民若干等；还会赐给诸侯礼器、仪仗等。诸侯可以在自己的统治范围内建立政权机构，设置军队和监狱。诸侯对周王也承担一定的义务，要定期朝贺，缴纳贡赋，随周王出征；王室有重大祭祀活动时，诸侯们也须参加或派人助祭。天子对诸侯有赏罚的权力，也有随时收回封国的权力。

周天子如果没有分封天下，那么殷商会卷土重来吗？

管蔡叛乱，周公东征

管蔡叛乱，又称三监之乱或武庚之乱。武王为防止殷商残余势力作乱，便将周朝宗室管叔、蔡叔、霍叔分封于殷都附近，作为“三监”监控殷民。武王去世后，因其子年幼，武王之弟周公摄政辅佐，引起“三监”不满。“三监”联合殷民兴兵，后被周公平定。

灭国不绝祀

在周人克商之前，周不过是一个小邦国。周武王兴兵灭商后，面临的是庞大的国土和为数众多的殷商遗民，已无力为继。纣王虽死，其子武庚还活着，手里还有数量可观的军队。周人立国未稳，强敌环伺，内忧外患，武王夜不能寐。

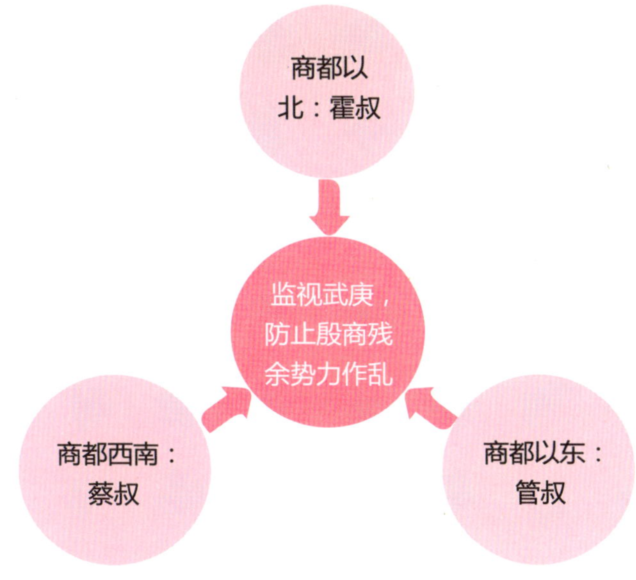

▲ 防止叛乱的“三监”

如果继续扩大战事，围剿殷民，国家和百姓将会遭受更大损失，也不利于巩固刚刚诞生的周王朝。面对东方广大诸侯国，周武王大伤脑筋。其弟周公深谋远虑，向武王提出了建议：首先，对殷商遗民以抚为主，出于“灭国不绝祀”的原则，保留殷人的祭祀，让他们有地方住，依然可以祭祀他们的祖先；其次，派亲信对殷人和东方诸侯国进行监察，以作防备。

武王大喜。既然纣王之子武庚还在，不如以殷治殷，让武庚继殷王位，统治商朝旧地；而商朝遗民见武王并未派兵，能暂时避开战争，也就顺势作了周朝的顺民，保存实力，再图发展。为了防止武庚叛乱，武王又在朝歌东部设立卫国，以其弟管叔鲜为卫王；西南部设立鄘国，使其弟蔡叔为鄘王；北面设立邶国，使其弟霍叔为邶王，共同监视武庚，历史上称其为“三监”。

周公摄政

武王克殷三年后（约前 1043 年），周武王驾崩，时年 45 岁（一作 54 岁），葬于周陵。而此时，国家初定，百废待兴，武王的儿子成王年幼，于是武王在临终时想传位于自己的弟弟周公，周公坚决不受。武王死后，按照其遗嘱，周公摄政，辅佐成王，代理朝政。

当时成王尚幼，无法亲政，这对新建立的周王朝无疑是个严峻的考验。为了巩固周朝的统治，周公摄政，履行天子的部分职责，决断天下大事，这引起了王室贵族内部的怀疑猜忌。

以管叔来说，他治下的诸侯国担负着替武王监察东方各诸侯国的责任，如果发生任何异动，他有权直接向周武王上报，兼王官与地方诸侯于一身，可以说大权在握。“三监”在周朝政治中的超然地位，使他们对权力有了更高的渴望。在他的操纵下，一时间，朝野内外，到处都是周公篡改遗命，欺成王年幼，企图篡位的谣言。

历史拓展

《史记·卷三十五·管蔡世家第五》：“武王同母兄弟十人。母曰太姒，文王正妃也。其长子曰伯邑考，次曰武王发，次曰管叔鲜，次曰周公旦，次曰蔡叔度，次曰曹叔振铎，次曰成叔武，次曰霍叔处，次曰康叔封，次曰冉季载。”管叔排行第三，是武王姬发的同母弟弟。

一直被“三监”控制的武庚看到了机会。他派人进一步扩大谣言，挑起“三监”以及其他周王室成员的怀疑和不满，又和殷商旧地东夷的徐、奄、薄姑等方国串通，叛乱反周，一时间声势浩大。

面对这样严峻的形势，周公不能不做解释，但也不能置国事不理，一走了之。实际上，当时对他产生怀疑的不止“三监”，因此，他先说服了声望崇高的召公和姜太公，赢得了他们的理解，通过他们稳定住局势，又不断安抚内外，希望平息争端。然而事与愿违，当“三监”与武庚联合作乱时，周公意识到他已经不能再退让了，否则局面只会越来越乱，周朝几代人创立的基业也会毁于一旦。

“天降大祸”，周公始东征

为了捍卫周朝统治，周公雷厉风行，正式昭告天下，打算平息“三监”的反叛，历史上称作“周公东征”。周公于出征前，发布了讨伐叛军的檄文，后被收入《尚书·大诰》。在檄文中，周公剖析了当时的危难局势，称周王朝遇“天降大祸”。通过占卜，周公得到了出兵平定叛乱大吉的卦象。周公决定替天行道，巩固文王、武王的基业，他借助前代积威，鼓动大部分诸侯和周民，组成了一支东征的大部队。

此次，周公亲自带兵出征。东征第一站就是平息武庚之乱，最终武庚被杀；后周公封纣王兄长微子于宋（今河南省商丘市），让他奉行殷之祭祀。接着，周公单独派遣了一支军队前往管叔领地，杀死了兴风作浪的管叔；又进军蔡叔领地，将蔡叔生擒并放逐；霍叔则投降归顺。就这样，周公顺利平息了武庚和“三叔”的复辟与反叛，东征之战的第一阶段取得了决定性的胜利。

历史拓展

宋国被周封为公爵，国君为子姓、宋氏，共传三十四君。宋国地位特殊，被特准用天子礼乐奉商朝宗祀，与周为客，被周天子尊为“三恪”之一。宋国是华夏圣贤文化的源头，位于儒家、墨家、道家和名家四大思想的发源地，被誉为礼仪之邦，孔子、墨子、庄子和惠子四位圣人皆出自宋国。

接下来，周公把目标放在一直未被控制的东南“九夷”。周王朝初建，力有未逮，对东方和东南方控制力极为薄弱。

“九夷”位于淮河下游，地势低，河道密布，易守难攻。经过长时间交战，周公终于平定了徐、淮等“九夷”之乱。接着，周军乘胜北上，挥军赴奄。

奄作为东方势力较强的诸侯国，一直是周朝的“眼中钉”。周军相继占据了奄西面与南面的邻国，使其陷入孤掌难鸣的境地，然后直逼奄的都城，国君被逼无奈，只好求和。奄降周之后，丰（今山东省青州市）、蒲姑（今山东省滨州市博兴县）等诸侯国也相继投降。

周公之所以能屡次取胜，是因为他对这些国家的情况一清二楚，战时决断及时，部署准确。在平叛中，周公“擒贼先擒王”，在消灭元凶后，又采取正确的方针，先攻克小而弱的敌人，再进攻大而强的敌人；捷报频传后，又制定了以精兵威胁为主、政治诱降为辅的策略，这些皆是周公东征大捷的原因所在。

周公东征灭掉了奄等五十多个国家，许多民族部落原本的格局被打破。徐国人部分逃到了江南，即今天的江西；一部分东夷被驱赶到淮河流域；嬴姓向西迁徙；楚逃窜至丹水流域。武王尽管一举灭商，但是仅仅痛击了商王朝的核心势力，事实上，周王朝并未彻底地掌控殷商的领土，周围的戎狄又乘势拓展地盘，侵占了中原的很多疆土。直至周公三年东征，才算大体清除了殷商的残余势力，并且征服了东夷诸国。因此，周公东征可以视为周伐商之战的延续和扩展。经过这次东征，周已不再是西方的“小邦周”，成了一个东到大海、北至辽东、南至淮河流域的泱泱大国。

▲ 周成王像

周公不但是西周初期杰出的政治家，也是卓越的军事家。后来，随着年龄的增长和阅历的增加，成王逐渐成长起来。

周公大为欣慰，还政于成王，遂成为千古美谈。

总的来说，三监之乱严重威胁了周初的统治秩序；周公东征胜利以后，彻底消灭了殷商的残余势力，扩大了东方领土。周公进一步营建东都洛邑和分封诸侯，以进一步巩固周王朝在东方的统治。周公、成王、康王时期是西周王朝的稳定发展时期，“刑错四十余年不用”，史称“成康盛世”。

营建东都

周文王灭崇后，在沣水西岸营建丰京，将都城从岐周迁至丰京；周武王时在沣水东岸建立了镐京。丰京是宗庙和园囿的所在地，镐京为周王居住和理政的中心，合称丰镐。

三监之乱平息后，周公总结经验教训，发现周都镐京位置偏西，远离中原，不利于对全国进行管理。武王在世时就曾考虑营建东都，以便于管理殷商旧地，但当时基业刚成，无暇顾及。现在叛乱已平，政权稳固，周公决定在东边选址营建新的都城，最终选定洛邑（今河南省洛阳市）。

洛邑地处中原腹地，四方水路流经于此，千里平原，土地肥沃，是天然的粮仓；百姓教化较早，民风淳朴；东方的伊阙地形险隘，可攻可守，是难得的战略要地。一旦洛邑建成，便可使渭、泾、河、洛一代都成为王畿要地。洛邑可成为东方重镇，也可作为镐京的门户。

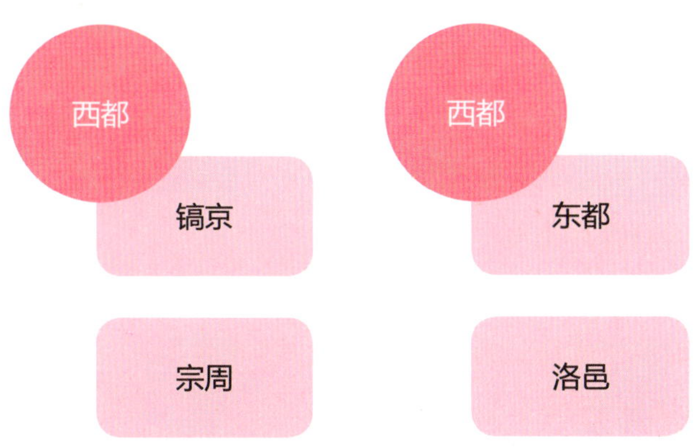

▲ 周朝的两个都城

在修建过程中，周公使用了大量的殷商遗民，并且恪守文王、武王的遗训，杜绝铺张浪费，避免劳民伤财，以勤俭为原则，以实用优先。东都内城九里见方，外城二十七里见方。周朝从此有了两个都城，镐京为“宗周”，代表周王朝的发祥地，也是根基所在；新建成的东都称“成周”，表示成就周朝的久远基业。

公元前 1036 年，周公还政于成王。周成王亲政后，依然留在镐京，周公则驻守成周，两京相连，成为控制整个周王朝天下的基地，为周朝局面的长期稳定打下了基础。周公去世前曾留下遗言，表示希望死后葬在成周，成王以其功劳盖世，下令将其葬于宗周，紧邻文王墓，以供后人瞻仰。

成康之治

周成王姬诵，西周王朝第二任君主，武王姬发之子，母为邑姜（齐太公姜尚之女）。继位之初，由周公旦摄政，平三监之乱。七年后，周成王正式亲政，感念周公之功绩，将周公分封于鲁之曲阜，并下令后世鲁公可以天子礼仪祭祀周公。

鲁国受封之初不仅得到了丰厚的赏赐，还得到了不少天子才能享有的特权。由于鲁地是殷商遗民势力最重的地区之一，周公旦之长子伯禽极力推行周朝礼乐，以文化礼仪来稳固民心，用制度来限制人民。许多源自西周初年的制度不再符合当时潮流，鲁地较其他地区表现出守旧、自闭、落后的现象，伯禽的政绩十分缓慢。

周成王七年，洛邑宣告竣工，周王朝宣布以洛邑为新都，史称“新邑”，颁布《召诰》《洛诰》，并举行了盛大的诸侯集会。这是周成王即位以后第一次会盟诸侯，在周朝的历史上也是第一次，各方诸侯纷纷带来珍宝、特产进献王室。

历史拓展

《尚书·大传》记载：“周公摄政，一年救乱，二年克殷，三年践奄，四年建侯卫，五年营成周，六年制礼作乐，七年致政成王。”汉初大思想家贾谊评价周公说：“文王有大德而功未就，武王有大功而治未成，周公集大德大功大治于一身。”因此，成周之所以称“成”，也是因为完成了“成命”和取得了“成绩”，建成了周朝统一四方的国都。成王在召公等人的辅佐下终有大成，也标志着周开国功业的完成。

历史拓展

《周书·康诰》是《尚书》其中很重要的一篇。“诰”是“告示、文告”之意。《康诰》是西周周公摄政时，代替成王颁布的任命书，任命康叔去治理“殷”地，以及周公对这个弟弟的殷殷教诲。其核心内容可概括为“明德慎罚”。

周成王病倒后，担心儿子姬钊不能胜任国事，于是命令召公奭和毕公高率领诸侯辅佐太子姬钊登基。不久，成王姬诵病死，其子姬钊继位，是为周康王。周康王即位后，遍告诸侯，向他们宣告周文王、周武王的事业，以申诫诸侯，写下《康诰》。在周公旦、召公奭和毕公高等贤臣的辅佐下，周成王至周康王时期，天下安定，四十多年没有使用刑罚，史称“成康之治”。

“成康之治”是中国历史上记载最早的太平盛世。值得一提的是，康王后期已经出现种种衰乱迹象，如沉湎女色、征伐不断、刑罚不慎等。周康王在镐京去世，谥号康王，葬于毕原。死后其子姬瑕继承王位，史称“周昭王”。

时间轴 公元前 1042 年—公元前 1036 年

公元前 1042 年	周成王继位，周公摄政，管叔、蔡叔联合武庚作乱，周公率军东征
公元前 1040 年	周公平定“三监”之乱，诛杀武庚、管叔，放逐蔡叔
公元前 1039 年	周成王封纣王兄长微子启于宋，治理殷民
公元前 1036 年	周公还政于成王，营建东都洛邑

成王年幼即位，武王为何在遗嘱中嘱咐周公摄政辅佐？

姜太公治齐

约公元前 1045 年，也就是武王二年，姜子牙辅佐周武王灭商后，封国建邦，封地在齐地营丘（后改称临淄），国名为齐。因国君为姜姓，故齐又称“姜姓齐国”。姜太公至营丘后，应当地风俗，简化礼节而修政，利用当地鱼盐之利，发展工商业，使人口大增，齐国也从偏僻荒凉的小国穷国变成大国富国。

莱国的下马威

当年，周王朝刚刚灭商而立，为屏藩周室，立即大兴封邦建国。当时封在山东地区的主要有两个国家，一个是周公旦长子伯禽受封的鲁国，另一个便是远在东方的齐国，受封的人正是灭商的头号功臣姜太公。

> **历史拓展**
>
> 《汉书·地理志》：“殷末有蒲姑氏，为诸侯，至周成王时蒲姑氏与四国共作乱，成王灭之，以封师尚父，是为太公。”司马迁《史记·齐太公世家第二》记载：“于是武王已平商而王天下，封师尚父于齐营丘。”

当时，齐国周围方国林立，其中实力强大的不下十余国。这些地方邦国世居东夷，繁衍生息，根深蒂固，又因他们的居住地犬牙交错，而且广交天下，形成了宽缓阔达，尚武崇仁，重地自信的民族性格。殷商曾多次征讨，均未能使其臣服。由于他们不附中原已久，周朝建立以后，他们也仍因猜忌周王朝的征讨而与周对立不附，这样周王朝的东部边境就难以安宁。

莱国，又称莱子国、莱夷，是九夷所建的诸侯国，商代始封，西周时期成为诸侯大国。爵位为侯爵，后改为公爵。由于营丘与莱都距离很近，莱侯便想趁姜子牙立足未稳之际抢占营丘。

当时，姜子牙正带领本部人马奔营丘而来。因为长途跋涉十分疲惫，一行人

▲ 齐国临淄复原模型图

行军速度很慢。一天傍晚，他们来到离营丘不远处宿营，准备明日赶到营丘。这时迎面来了一支队伍，对方行色匆匆，也在赶路。姜太公看天色已晚，觉得奇怪，便过去问话。听说是姜太公在此，对方立刻赶过来施礼。太公询问其因何赶路，一个中年人这样回答："我们并没有什么急事，只不过小人听说机会难得，慢行必定错失机会。倒是太公，行路缓慢，不像是前往封地建国的样子啊！"

姜太公一听，觉得对方似乎话里有话，一下子警醒过来。周虽然得了天下，但很大一片地区并未纳入统治范围内，正处于混乱之中，自己行军如此放松，很有可能就耽误了大事。

历史拓展

司马迁《史记·齐太公世家第二》记载："东就国，道宿行迟。逆旅之人曰：'吾闻时难得而易失。客寝甚安，殆非就国者也。'太公闻之，夜衣而行，犁明至国。莱侯来伐，与之争营丘。营丘边莱。莱人，夷也，会纣之乱而周初定，未能集远方，是以与太公争国。"

> **历史拓展**
>
> 胶东半岛在先秦时期的一部地理书记《禹贡》中被称为“莱夷”或“嵎夷”。夷是当时中原王朝对周边地区小国或部族的泛称，莱夷就是指以“莱”为名号的夷人，嵎夷则指的是胶东滨海地区。

太公立刻下令族众与士兵即刻启程，继续赶路，第二天天刚亮就赶到了营丘。

巧的是，莱国军队正好涉水奔营丘而来，双方剑拔弩张，形势危急。两军在淄河西岸展开对垒，姜子牙指挥镇定自若，士兵作战英勇顽强，莱军被杀得丢盔弃甲，悻悻而回。齐国就这样正式建立起来。

周成王年幼即位之时发生管蔡叛乱，成王命姜太公“东至大海，西至黄河，南至穆陵，北至无棣，此间五等诸侯，各地官守，如有罪愆，命你讨伐”，齐国由此得到征伐之权，成为诸侯国中的“大国”，地位崇高，超然于其他诸侯国之上。

经世之才姜太公

姜太公在齐国修明政治，积极治理，因地制宜，制定了“因其俗，简其礼，通商工之业，便鱼盐之利”的治国方针策略。

经过一番调查，姜太公发现齐地田土贫瘠，百姓穷困，人口相当稀少。《汉书·地理志》记载：“齐地负海舄卤，少五谷，而人民寡。”因此，在齐国经营农业十分困难，依靠农业来富国强兵也绝对不是好出路。但是，“负海”虽有缺陷，却也有丰富的鱼盐资源，齐地又有较好的手工业传统，因此，姜太公决定“因其俗”，积极发展手工业和商业。据《史记·货殖列传》记载：“太公望封于营丘。地潟卤，人民寡，于是太公劝其女功，极技巧，通鱼盐，则人物归之，繦至而辐凑。”

> **历史拓展**
>
> 《货殖列传》是专门记叙从事“货殖”活动的杰出人物的类传，是西汉史学家司马迁创作的一篇文言文，收录于《史记》中。
>
> “货殖”是指谋求“滋生资货财利”以致富，即利用货物的生产与交换，进行商业活动，从中生财求利。司马迁所指的货殖，还包括各种手工业，以及农、牧、渔、矿山、冶炼等行业的经营。

这种因地制宜，扬长避短，利用

自身资源条件，而让商贾通商、工匠制作器物、妇女纺织的政策措施，充分调动了国人的生产积极性，是完全符合当时齐国的具体国情的。

太公深知农、工、商三业对国计民生的重要意义。所谓国无农无食不稳，国无工无器不富，国无商无货不活，因此这三种行业绝对不可偏废，要协调发展，这样才能使财货流通，财政充裕，人民有业可从，衣食饱暖，器具足用。在这种经济思想的指导下，加上太公及后世诸王的苦心经营，齐国在经济实力上有了迅猛的提升。

姜太公之所以能在经济建设上灵活经营，与他的早年经历是分不开的。他早年曾经经商，在朝歌、孟津一带的市场做过小贩，也干过屠宰，还卖过酒，可谓经历丰富，因此对发展工商业致富的方法十分熟悉。由此可见，太公不仅是一位杰出的军事家，还是一位富于经济谋略的商业家。

姜太公的用人之道

暂时打退莱国之后，太公的建国之路依然还有重重坎坷，这一次遇到了来自境内诸多“顽民”的阻挠。姜太公处事果决，决定在这些“刺儿头”里找几个人来立威。

有司寇（司法官吏名称）营汤，巧言令色，能言善辩，但在接到太公政令后却从来缓办慢行，借故推诿，阳奉阴违。太公训诫他，他却以“仁义”为名，为自己的拖延百般抵赖。太公发现他不但推诿政事，还滥杀无辜，对百姓残暴不仁，当即下令将其斩首，以正政令。

姜太公初来乍到，正是用人之际，他听说本地有贤人“狂矞、华士兄弟”，于是前去拜访，希望他们能为国效力。可惜，他连去三次，都被兄弟二人拒绝。他们声称：“我们不为天子臣，不做诸侯官，自己耕种粮食吃，自己掘井饮水，自食其力，不求名不求利。”姜太公冷眼相对，他认为这二人虽名望高，但这样的态度在自己建立齐国的时刻无疑起了负面作用。太公为了政令畅通，下令处罚他们。消息传到周公那里，周公派人传话给太公：“听说二人有贤名，处罚贤人恐怕会造成不好的影响。”太公回答说：“他们宣扬不为天子臣，不为诸侯做事，不为国家尽任何义务，这是贤人的行为吗？如果所有的人都像他们那样，国家的法令政策就无法实行，那么，国还像国吗？这样的人不但不是贤人，反而是害群之马，害群之马不除，怎能使群马为我所用？”

于是太公下令诛杀狂矞、华士兄弟，此后齐国再无违反命令法规之事发生，局面迅速安定下来，姜子牙在齐国的统治地位得以确立。

选贤任能的姜太公

文化上，姜太公推行“因其俗，简其礼”的开明政策。“俗”指“夷俗”，即当时东夷人的生活方式；“礼”指“夷礼”，即当时东夷人的礼仪制度。太公认为，如果在齐地强力推行周礼，容易产生民族矛盾，不利于治国安邦。经过再三斟酌，他决定从齐地实际出发，从俗简礼，不强制干涉，创造了既让齐民乐于接受，又不太悖周礼的新制。

姜子牙政治上推行尊贤尚功的政策，通过考核选拔有才能的人做官；不分亲疏用其所长，最大限度地发挥官员们的积极创造性；甚至吸收了大批当地东夷土著中的人才加入到齐国统治阶层，让他们在国家建设中发挥应有的作用。

这一用人原则打破了西周以血缘关系为基础的“尊尊亲亲”的正统思想束缚。姜太公还把用人提升到事关国家兴亡的高度，提出了“六守”“八征”“六不用”的人才理论。实践证明，他的用人思想不仅开创了任人唯贤、唯才是举的人才使用先河，也为后来齐国称霸列国奠定了基础。

姜子牙封齐建国后，大多数时间是在镐京做周朝中央政权的“太师”，辅佐外孙周成王姬诵、重外孙周康王姬钊。他的大儿子齐丁公姜伋，也没有到临淄治理齐国，而是一直在镐京担任虎贲之职，统领着王宫卫戍部队。齐国开国后的三十余年，营丘基本上由姜太公的三儿子丘穆公镇守。周康王六年，姜子牙卒于周都镐京，岁寿 139 岁，子丁公姜伋继位。齐丁公姜伋继续辅佐周康王，成为仅次于首辅召公奭的次辅，并掌管周王朝的精锐部队三千虎贲，保卫丰镐。

根据你对齐国和鲁国的认识，你认为这种区别是怎么产生的呢？

明尊卑，别上下，天下宗周

周公旦“制礼作乐”，制定和推行了一套维护君臣宗法和上下等级的典章制度。周王朝确立了嫡长子继承制，即以血缘为纽带，规定周天子的王位由长子继承，同时把其他庶子分封为诸侯、卿大夫。诸侯与天子的关系是地方与中央、小宗与大宗的关系，中央政权的统治由此加强，这就是所谓的礼乐制度，孔子一生所追求的就是这种有秩序的社会，礼乐制度影响了后世几千年。

礼乐征伐自天子出

周公，姬姓，名旦，是周文王姬昌的第四子，周武王姬发的弟弟，曾两次辅佐周武王东伐纣王，并制礼作乐。因其采邑在周，爵为上公，故称周公。周公是西周初期杰出的政治家、军事家、思想家、教育家，被尊为“元圣”和儒学先驱。周公一生的功绩被《尚书·大传》概括为：“一年救乱，二年克殷，三年践奄，四年建侯卫，五年营成周，六年制礼乐，七年致政成王。”

周公制周礼

“礼”字在殷商时期的甲骨文中就已经出现，最初的礼只是人们祈求鬼神的特定仪式，乐只是娱神的歌舞。在周公制礼之前，礼乐的主要功能是敬神。周公“制礼”则是出于满足安排祭祀秩序的需要，根据血缘关系和等级身份，分别制

▲ 九鼎八簋

定尊卑之间，长幼之间，亲疏之间各自不同的行为规范。

周公之“礼”，淡化了敬神的含义，从规定不同身份的人应该遵行的礼仪出发，最终成为宗法等级制度的依据和标准。

东都洛邑初步落成，周王朝举行了盛大的庆典。周公带领百官，使他们在旧都熟悉礼仪之后，再跟从周成王前往新邑。周成王在新邑开始用改良后的殷礼接见诸侯，在新都洛邑祭祀文王，这些礼节是非常隆重而又有条不紊的。周王朝进入稳定发展阶段，周公则将精力投入到制作礼乐，继续完善各种典章法规。

他一方面阅读典籍，一方面寻访贤士和人民，深入研究夏、商时期的旧礼，向百姓征求意见，了解情况。周公所居住的洛邑有很多殷商遗民，其中也有很多王族。周公让殷商遗民演示祭祀活动的流程，详细询问每个动作、每句话，甚至每个礼器的意义，并与古书相互对照。为了得到更多的资料，周公还亲自前往各诸侯国，搜集各国地方特有的礼仪。最终，周公对前代礼乐进行了规范和整理，形成了一套适应西周政治的礼乐制度。

《三礼》

西周的具体礼仪制度主要见于“三礼”，即《周礼》《仪礼》《礼记》中。根

▲ 天子六驾

据记载，西周礼仪繁复而完备，既有祭祀、朝觐、封国、巡狩、丧葬等国家大典，也有如用鼎制度、乐悬制度、车骑制度、服饰制度、礼玉制度等的具体规范，还有各种礼器的等级、组合、形制、度数的记载等，涉及西周社会的各个层面。这些礼仪规范的目的在于，使“衣服有制，宫室有度，人徒有数，丧祭械用，皆有等宜”。

西周的各种礼仪具体执行起来也非常繁复，以乡饮酒礼为例，主要分为六个礼节。一是谋宾、戒宾、陈设、迎宾之礼，即由主人（乡大夫）商定客人的名次，一般选定宾一人，介（即陪客）一人及众宾多人，然后主人置办酒席，催邀客人，最后主人与傧相在门外迎接，三揖三让后将客人迎进大堂。二是献宾之礼，即主人对宾客敬酒之礼。三是作乐，即在主人敬宾客时，由乐工在席间唱歌并奏乐。四是旅酬，即主人派傧相敬客，然后宾酬主人，主人酬介，介酬众宾，众宾之间再按长幼之序以长酬幼。五为“无算酬”和“无算乐”，即宾客开座之后，举爵畅饮，歌乐不断，直到尽兴而归。六是送宾之礼，即宴饮结束后，乐工奏乐，主人送客出门。第二天，宾又来拜谢，至此，整个乡饮酒礼才算结束。

乐也源于祭祀，它与礼相辅相成，不可分割。“乐由中出，礼由外作”，即礼由外在来规范人伦，而乐则是通过乐舞来使这种制度深入人心，使人们从内心产生对礼的认同。在西周，乐舞与礼仪相配，有十分严格的制度，不同的等级配以不同的乐舞。周公制礼作乐就是希望以礼别人，以乐和民，使整个西周社会既能尊卑有别，又能和睦融融。

尊尊，亲亲

▲ 诸侯朝觐图

“礼”强调的是“别”，即所谓“尊尊”；“乐”的作用是“和”，即所谓“亲亲”。有别有和，是巩固周人内部团结的两方面。礼所要解决的中心问题是尊卑贵贱的区分，即宗法制，进一步讲是继承制的确立。由宗法制必然推演出维护父尊子卑，兄尊弟卑，天子尊、诸侯卑的等级森严的礼法，这种礼法是隶属关系的外在化。反过来，它又起到巩固宗法制的作用，其目的是维护父权制，维护周天子的统治。谁要是违反了礼仪、居室、服饰、用具等等的具体规定，便会被视为非礼、僭越。

当诸侯方国朝见周公时，周公以天子身份，背负斧纹屏风，面朝南而立，诸侯贵族按其公、侯、伯、子、男五等爵位的高低，依次站在周公对面的中阶之上、东西阶和门东西，夷、蛮、戎、狄分别站在东、南、西、北四门之外，较远的九采站在南面的应门之外，极远的四塞不安排固定的站位。

这般一丝不苟精心安排的诸侯朝觐天子的礼仪，无疑能明确天子诸侯之间尊卑上下的等级；从而使诸侯能够各安其位，以维护周王朝的统治秩序，这就是周公制礼的目标所在。

周公为什么要把很大的精力投入礼乐上来？

周代礼乐体制

周公“制礼作乐”后，礼逐渐渗透进社会各个领域的方方面面。在举行礼仪的过程中，又伴随有相关的音乐，对应的舞蹈，所以礼乐通常并称。西周的礼共有吉、凶、军、宾、嘉五类，其中比较重要的有冠、婚、桑、祭、射等礼仪。

冠礼

对单个贵族而言，从生到死，可以说生命中的每一个环节，都有相应的礼仪与之相伴。其中，冠礼是最重要的礼仪之一。

“冠”，首上之服，即首服，总称“冠”。《礼记》中记载：“冠者礼之始也。”华夏文化是礼仪的文化，而冠礼就是华夏礼仪的起点。

冠礼是男子成年礼，一般在 20 岁时举行，但天子诸侯为早日执掌国政，多提前举行，传说周文王十二岁而冠，成王十五岁而冠。

首先，举行冠礼的日期要通过受冠者筮占吉日确定，然后再邀请来宾观礼。及冠礼前三日，还要通过筮占选择一位主持冠礼的正宾和一位协助正宾主持冠礼的“赞冠”，来进行冠礼仪式。

▲ 冠礼基本流程

周代各个阶级的冠礼是不同的。士阶级要加冠三次，即先加缁布冠，象征将拥有人治权；次授以皮弁，象征将拥有兵权；最后授以爵弁，象征将拥有祭祀权。而诸侯、天子则需要加冠四次，即在士阶级的冠礼上再加一冠，即玄冕和衮冕。加冠的人由受邀前来的贵宾担任，在加冠时还要进行一番勉励和告诫。

另外，既然已经成年，那么就不能再用幼时的名字，可以加“字”。周代成年人的名字中，常包括伯、仲、叔、季等字样，以表明在兄弟之中的长幼次序，确立其在宗法体系中的地位。

最后，行冠礼的青年要一一见过亲属，再拜见国君、大夫以及乡中长辈，自此，正式步入社会。

婚礼

西周时期的婚礼，需要经过六个步骤，称为“六礼”。首先，订婚。男方欲与女方结亲，先由男家遣媒妁往女家提亲，送礼求婚。得到应允后，再请媒妁正式向女家纳“采择之礼”。初议后，若女方有意，则男方派媒人正式向女家求婚，并携带一定礼物。纳采是全部婚姻程序的开始。周礼中纳采礼只用大雁。纳采成功后，进入“问名”阶段，即询问女子的名字、生辰。问名之后，男家占卜吉凶，即纳吉，备礼（大雁）通知女家，表示双方缔结婚姻。接下来，男家派人送聘礼到女方家，即纳征。最后请期，即男方向女方家族请求确定婚礼举行的日期。最后，举行婚礼，即“亲迎”。

▲ 婚礼“六礼”流程

丧礼

丧礼在周代的各项礼制当中，仪式最为繁杂。参加丧礼的人，除死者的至亲、同宗族的兄弟及同乡之人以外，对于士阶层以上贵族的丧礼，周王或诸侯也要派人前来参加。

在正式丧礼之前，首先要举行招魂仪式，即拿着死者生前穿过的衣服，登上屋面呼唤死者的名字三次。招魂无效之后，才开始办丧事。

死者的灵柩上摆放着写有死者姓名的“铭”，这样死者的魂魄才能有所依托。丧礼的主要仪式有小殓及大殓。小殓指为死者备衣物，大殓指死者入棺。举行小殓及大殓，都有亲人的哭踊相伴，还要向死者进献食物。

对士大夫以上的贵族阶层，周王或诸侯还要派史官赐给死者谥号，即给予死者生前行迹的一个最终论定，还要有一段诔词，历述死者的主要生平事迹。

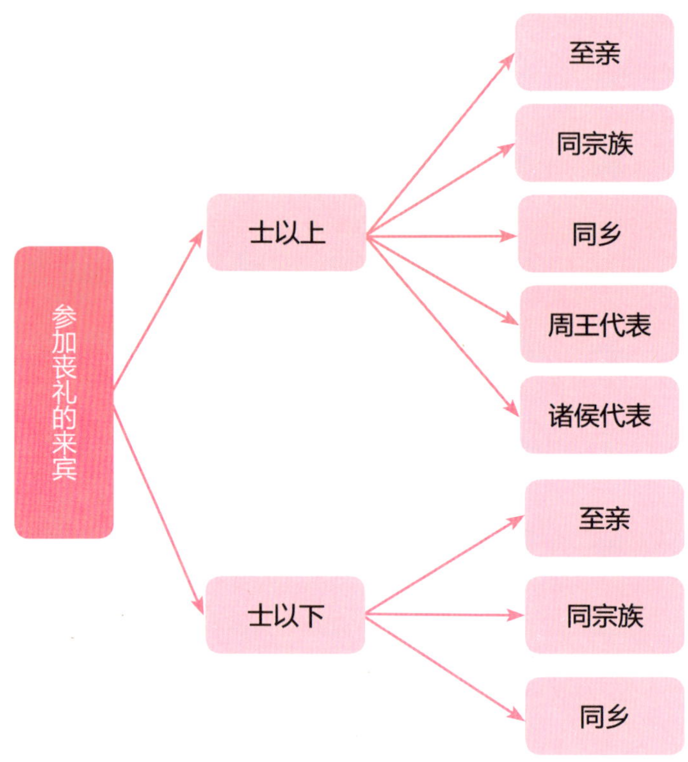

▲ 周代丧礼中来宾的身份划分

参加丧礼的人一般有财物奉赠。

祭礼

祭祀，是周代最重要的宗教行为，礼仪十分复杂。祭礼是吉礼的一种，按照祭祀对象的不同，祭礼有不同的程序安排。其中，郊天、社神之祭具有崇高的政治意义，因而规格最高，仪式也最为隆重。

在宗法色彩极其浓厚的周代社会，祖先之祭也占有极为重要的地位，通过对祖先的祭祀，能够对参祭者的亲缘关系不断予以确认，联络情感，巩固宗子集政治首长和宗法大家长于一身的统治地位。

祖先之祭的仪式也是一种合族聚会的庆典活动。在祭祀过程中，会有一个特殊的角色“尸”作为祖先的替身，代表祖先参加整个祭享过程，并接受后代子孙的祷告和祈福。“祖先”醉饱之后，会对子孙主办祭祀的得体表示嘉奖，并宣布赐给子孙各种福佑。然后，在子孙们的一片颂祷中，“祖先”又重新返回到神灵

▲ 周代“无曩”青铜簋

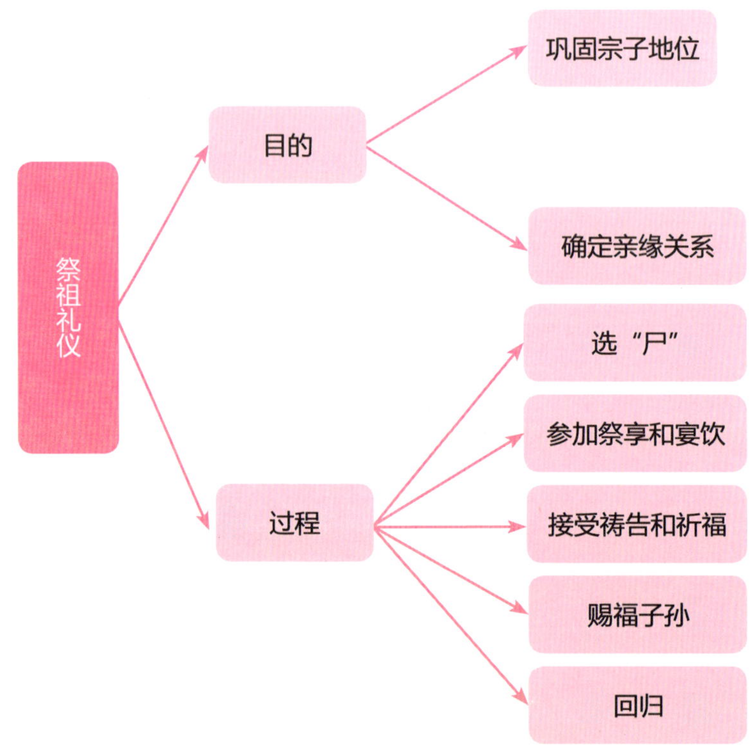

▲ 周代祭礼

世界中去。

祖先的替身“尸”，作为极为特殊的角色，由活着的人担任，男性祖先之“尸”在孙辈中挑选，女性祖先之“尸”则在孙辈之妻中挑选。

射礼

射礼是一种军礼，是周代为选拔人才而制定的一种礼仪。《礼记 • 射义》中记载：“古者天子以射选诸侯、卿、大夫、士。射者，男子之事也，因而饰之以礼乐也。”

西周选拔人才的射礼有高低不同的规格，可分为乡射礼与大射礼两种。乡射由各乡的大夫和士在乡中举行，大射则由天子与诸侯会集臣下在太学举行。

射礼具有很强的军事训练性质，与上古经常借田猎来进行军事训练有关，是

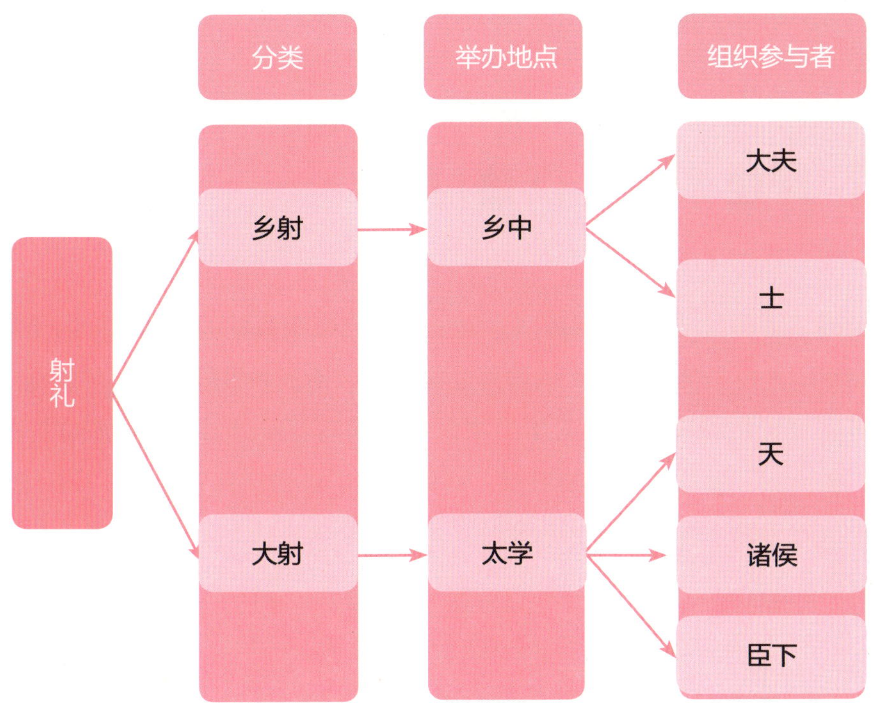

▲ 周代射礼

历史拓展

乡射礼盛行于先秦时期。每年春秋两季，各乡的行政长官乡大夫都要以主人的身份邀请当地的卿、大夫、士和学子，在州立学校中举行乡射礼。乡射礼的主持者，一般是一名德行卓著、尚未获得官爵的处士，称为“宾”。射位设在堂上，箭靶称为“侯”，侯的左前方有一曲圆形的皮制小屏，供报靶者藏身之用，称为“乏”。乡射礼的核心活动是射手之间的三轮比射，称为“三番射”。每番比射，每位射手都以发射四支箭为限。

由军事训练发展而来的一种礼仪。

射礼的主要程序是“三番射”。在三番射的过程中，有专门的武职人员对参与射礼的人进行培训。参射者之间也进行比赛，赛后要对获胜者给予一定的奖励。

西周时期，除乡射与大射之外，还有“燕射”“宾射”等种种射礼，但它们主要是为了宴乐而举行的。射礼在成为一种固定的礼仪之后，性质逐渐由尚武向尚文发生转变。

周朝有些礼仪十分烦琐，你认为有必要吗？在当时有什么特别的意义？

 封建亲戚，以藩屏周

所谓“封建”，即指封邦建国。天子把自己直接管辖的王畿以外的土地，分封给诸侯，并授予他们爵位；诸侯再分封贵族，诸侯和贵族在自己的领地上有相当的自主权，协助周王统治天下。诸侯和贵族拥有所分封土地的所有资源和收益，只需向周王室缴纳一定的进贡。西周时期，各诸侯国军队并不由国君掌握，而是在周天子的守臣手中。到东周时，诸侯国军队由国君掌握，直接导致了周王室的衰微。

第一次分封

分封制度是西周王朝的一项重要政治制度，奠定了周王与诸侯之间的关系，实际上构成了西周时期国家结构的基本内容。分封制下的国家结构，就是将整个王朝分成由周王直接管理的王畿和由诸侯管理的畿外两大部分，周王通过诸侯对畿外实行王朝统治。

西周初定，周武王实行第一次封建，原因有三：首先是为了安抚殷民，同时加以监视；其次是进行武装移民，借此扩展势力；再就是笼络人心，以巩固周朝统治。因此，周武王灭商后，自动退出殷都，封纣王儿子武庚于此，继续管理殷商遗民；周武王在殷都附近，分封自己的三个弟弟管叔、蔡叔和霍叔，称为“三监”，目的是监视武庚；周武王定都镐京后，又分封亲属和功臣为诸侯，这些封国大多数集中于

▲ 周公旦画像

黄河南岸。

这次分封并不彻底，因为当时不少地方并未被纳入周朝统治。周武王积劳成疾，临终前将儿子姬诵托付给周公。

第二次分封

周成王姬诵年幼继位，由武王的弟弟周公旦代理政事。不料引起“三监”不满，他们散布谣言，说周公会对成王不利，又联合武庚共同发动叛乱，史称“三监之乱”。

周公亲自领兵东征，用了三年的时间，才把乱事平定下来。后来他在洛邑营建东都，把参加武庚叛乱的“殷顽民”迁到那里，又派驻重兵加以监管，将洛邑作为统治东部地区的政治和军事中心。在此基础上，周公进行了第二次分

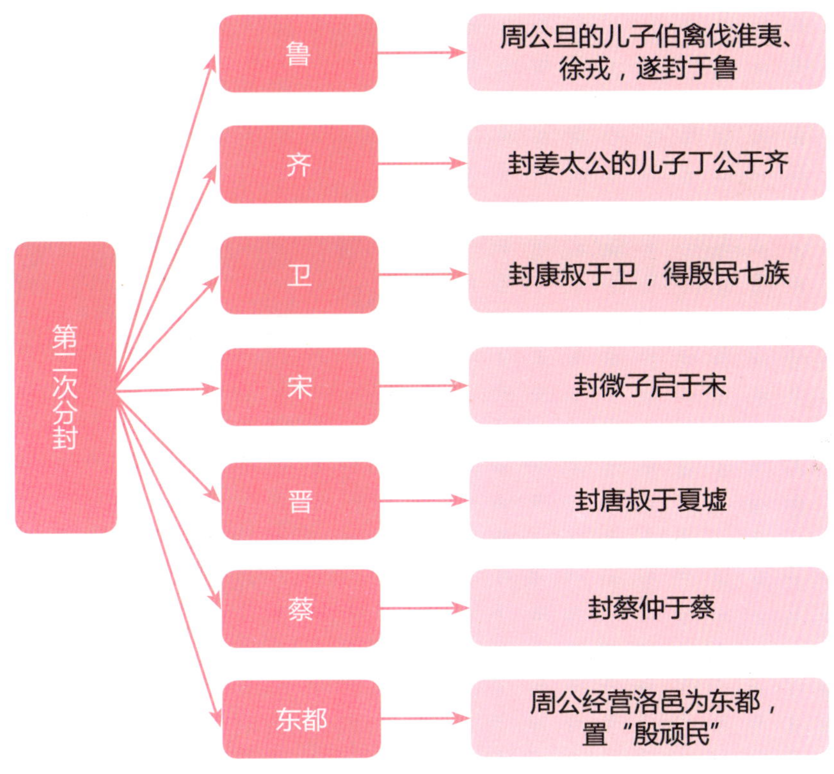

▲ 周公第二次分封的内容

> **历史拓展**
>
> 殷民，商代遗民，即商朝的百姓。根据《左传·定公四年》中的记载，周灭商后，周公辅佐成王，分封建国，分给其子伯禽“殷民六族：条氏、徐氏、萧氏、索氏、长勺氏、尾勺氏，使帅其宗氏，辑其分族，将其类丑，以法则周公，用即命于周”。

封。首先，他把殷人旧地分封为宋、卫二国，以便分化殷地遗民，防止殷民再次起来叛变；其次，周公大封亲属和功臣，作为王室的屏藩，以巩固周朝统治；周公还特意把第一次封建的一些封国向东移，部分更远至东方海边，并将殷人的封国包围其中，以防止其再生叛乱，同时也扩大了周王朝的统治范围，加强了对地方的控制。

周武王和周公总共分封 70 余国，其中姓姬的诸侯占了 53 个，可见周初的两次大封建，所分封的诸侯多数是周王的同姓子弟，其次才是功臣。诸侯的爵位，分为公、侯、伯、子、男五等。这些新分封的诸侯国，范围都是比较小的，《孟子·万章下》中记载：“公侯皆方百里，伯七十里，子男五十里。”

在封建制度下，周王又称为“天子”，具有高高在上的权威，分封诸侯的作用，就是要他们作为中央的屏藩。而诸侯必须服从天子的命令，向天子交纳贡赋，定期朝见天子，并带兵随天子作战；诸侯征讨夷狄，归来必须举行仪式，向

▲ 周王城博物馆

周王“献俘”。原则上说，周王对诸侯有很大的予夺权力，但终西周 200 多年，始终没有发生过周王对畿外诸侯撤封之事。

到春秋战国之时，分封的诸侯国变为郡县。“周初千八百国，至春秋之初，仅存百二十四国。春秋诸国，吞并小弱，大抵以其国地为县。因灭国而特置县，因置县而特命官，封建之制遂渐变为郡县之制。”最终，秦灭六国，废封建，置郡县，建立了中央集权的君主专治制度。

宗法制度：嫡长子继承制

为维系封建制度的发展，西周还制定了一套严密的宗法制度。宗法制度最初由氏族社会父系家长制演变而来，是王族贵族按血缘关系分配国家权力，以便建立世袭统治的一种制度。其特点是宗族组织和国家组织合二为一，宗法等级和政治等级完全一致。

嫡长子继承制，是宗法制度最基本的一项原则，即王位和财产必须由嫡长子继承，嫡长子是嫡妻（正妻）所生的长子。西周天子的王位由其嫡长子继承，而其他的庶子则被分封到全国各地。

宗法制度确立于夏朝，发展于商朝，完备于周朝，但影响到后来的各封建王朝。按照周代的宗法制度，宗族中分为大宗和小宗。周王自称天子，称为天

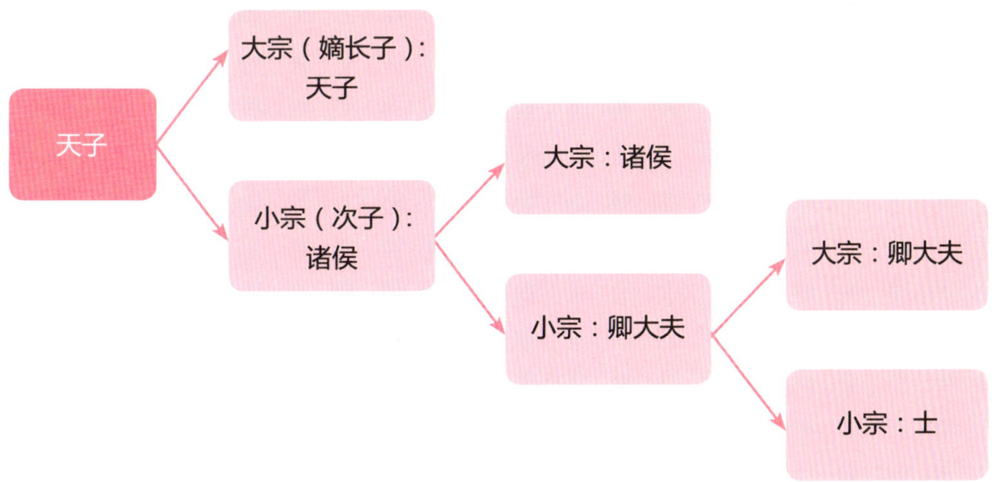

▲ 西周宗法制度

下的大宗。天子除嫡长子以外的其他儿子被分封为诸侯。

诸侯对天子而言是小宗，但在他的封国内却是大宗。

诸侯的其他儿子被分封为卿大夫。

卿大夫对诸侯而言是小宗，但在他的采邑内却是大宗。

从卿大夫到士也是如此。因此贵族的嫡长子总是不同等级的大宗。大宗不仅享有对宗族成员的统治权，而且享有政治上的特权。

国野和乡遂

西周时期，周天子的直接统治地区和各诸侯国都有国、野之分。一般称王或诸侯所居都城及其近郊为国，郊以外称为野。居住在国中的称“国人”，其余则是“野人”。国与野的各方面制度均有所不同。这种差别的产生可能是由于周朝对各地的征服，占统治地位的周人处于国中，被统治的土著则居于野外。

国中分划为乡。周有六乡，诸侯国大的有三乡。据《周礼·大司徒》载，其组织形式为：五家为比，五比为闾，四闾为族，五族为党，五党为州，五州为

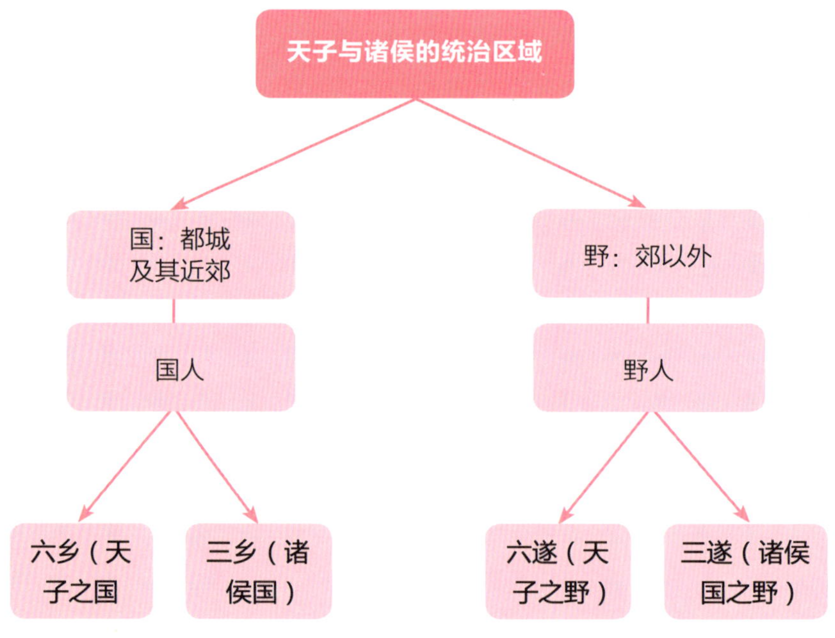

▲ 国野和乡遂的划分

▲ 西周时期的石斧、骨铲

乡。乡有乡大夫，以下各级有长。

国人的多数是与贵族有宗法血缘关系的士阶层，他们有议政的权利，当国家遭遇大的变故时，王或诸侯要征询他们的意见；他们之中的才能优秀者，会得到选拔推荐。国人中的青壮年日常有义务参加国家组织的田猎、力役；遇有战争，则参加军队，或出征，或戍守。

野一部分划分为遂，其余封给卿大夫作为采邑。周有六遂，诸侯国大的有三遂。据《周礼·遂人》载，其组织形式为：五家为邻，五邻为里，四里为酂，五酂为鄙，五鄙为遂。遂有遂大夫，以下各级有长。野人属于庶人，战争时期只在军中从事配合性的杂务。

延伸思考

你认为嫡长子继承制有什么利弊？

土地制度：井田制

“井田”一词，最早见于《榖梁传·宣公十五年》：“古者三百步为里，名曰井田。”夏代曾实行过井田制，商、周两代的井田制均因夏而来。井田制度是分封制的经济基础，它与宗法制度紧密相连，在西周时期得到充分发展。

私田、公田、籍田

井田制是由原始社会末期的村社土地公有制演化而来，早在夏商时代就已产生，西周时期发展出井田制最完备的形态。村社土地公有制的基本原则是土地分为“私田”和“公田”两部分，其中“私田”源自村社成员各自占有并耕种的土地，土地产出也归个人家庭所有；出于公平原则，在原始社会末期时，这种土地需要定期重新分配。西周时期依然如此，不但根据土地质量好坏进行重新分配，还会进行数量调整。“公田”源自原始村社的共有土地，产出归全体成员所有，用于公共事务支出。到西周时，“公田”保持着由全体成员集体耕种的方式，即由平民负责耕种，但产出归这一地区的各级贵族所有，也被称为“籍田”。每年春耕开始时，周天子都要带着臣子和民众举行隆重的“籍田”之礼，即“籍礼”。

> **历史拓展**
>
> 《国语·周语上》记载：“膳夫、农正陈籍礼，太史赞王，王敬从之。”其中的“籍礼”，也称“籍田礼”，源自原始社会，是古代吉礼的一种。籍礼一般举行于春耕之前，是天子率领王公诸侯群臣祭祀农神、亲耕籍田的仪式，有重视农耕，祈求丰收之意，礼成后则会命天下州县及时春耕。

一井之田

古代生产力发展水平较低，能够开垦耕种的土地是有限的，主要集中在一些都邑的周围，特别是王都和诸侯国都的近郊，比较好的熟田大多集中在这里。

▲ 井田的特征

这些良田按正南北和正东西的方向，划分为多块一定面积的方田，中间有纵横交错的大小道路和灌溉沟渠，阡陌纵横，像一个井字，这就是标准的“井田”。

一般来说，一百亩（约合今 32 亩）为一个方块，称为“一田”（或一夫），作为一个劳力所能耕种的标准。甲骨文中的“田”字也是由此而来。纵横相连的九田合为“一井”，周围的八块田由八户自行耕种，称为私田，私田收成全部归耕户所有；中间是公田，由八户共耕，收入全部归封邑贵族所有。

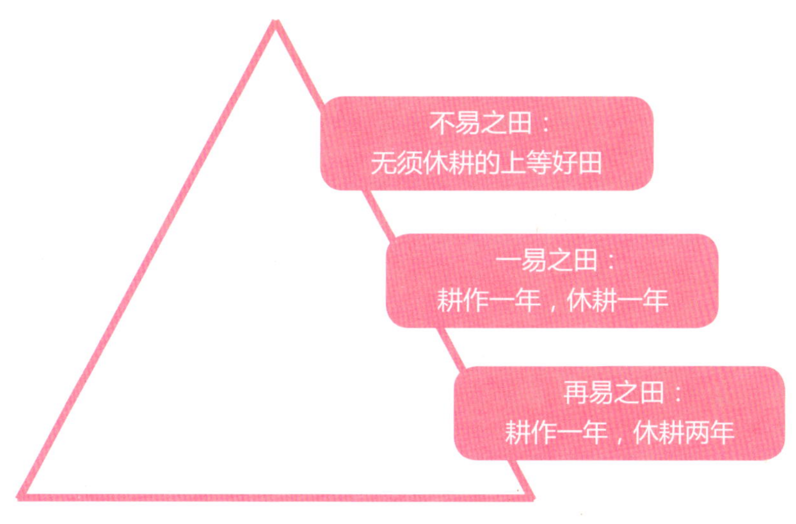

▲ 西周休耕轮作的标准

历史拓展

井田制是按照一夫百亩的标准分配土地占有权的土地制度。在《周礼·地官·大司徒》有记载："不易之田家百亩，一易之田家二百亩，再易之田家三百亩。"意思就是：如果是无须休耕的好地，每家可以得到一百亩；如果是需隔一年耕种的土地，每家二百亩；隔两年耕种的土地则每家可得到三百亩。

远郊开垦程度不够的田地，则按照土地肥沃以及整治程度进行休耕轮作，且定期进行重新分配，每隔三年耕作者之间还要更换一次分配的田地。

按照相关记载，这些田可分为不易之田、一易之田、再易之田，这种分类表明西周在耕作技术上有了较大的进步。

耕作井田的农夫，统称为"庶人"或"庶民"，以"夫"计，早在周王分封时就已经成批赐予臣下。农夫耕作时会受到"田畯"的监督管理，有些奴隶主贵族也会亲自到田间指挥。有些贵族在王室担任比较重要的官职，也会在"国中"的田地中按职位分得一定的数额作为俸禄。

占有≠所有

按照井田制的规定，一切土地属于国家（周王室）所有，周天子是最高的土

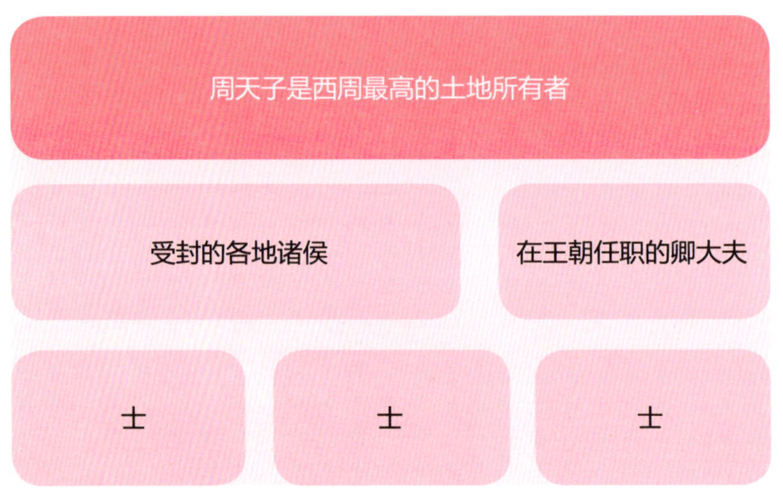

▲ 西周王朝土地占有的三个层级划分

▲ 西周中期殷簋和镂空豆

地所有者。周天子把土地层层分封给诸侯，诸侯将受封土地分赐给卿大夫，卿大夫把土地再分赐其子弟和臣属。周天子对所封土地有予夺之权。各级受封的贵族对土地只有使用权，没有所有权，只能世代享用，不能转让与买卖。受封者还要向国王承担义务，即向国王交纳贡赋。在贵族受封的土地上，由奴隶和庶民进行集体耕种。

由于生产力有限，古代国家的垦田是有限的。西周各级统治者按照一定的标准把井田分为三类，他们把位于河流附近、背山向阳的平坦土地成千块、成万块的留给自己，即“公田”，也叫“大田”；把距离城市较近的郊区土地分给“国人”这些普通劳动者耕种。国人不负担租税，只负担军赋和兵役，表面上看

历史拓展

国人，即与统治者同族的普通劳动者，是奴隶社会里的普通平民。因为这部分人住在“国”（城市）里，因此被叫做“国人”。国人有当兵和受教育的权利，主要学习军事训练和礼仪，平时每年向国家交纳一小罐米和一捆牧草，以作军费。若战时当兵，则要自己准备武器、粮食和军需。

是自食其力，但若发生战争被征调，所掠夺的土地和财富归统治者所有，若战争失败，国人却可能沦为奴隶。那些距离城市较远、土质瘠薄的坏田，最后被分给住在野外的庶人，即“野人”，庶人没有任何权利，只有给领主耕种井田和服杂役的义务。他们每年要先在领主的大田上劳作，然后才准许去耕种自己的那一小块土地，以维持生活。

另外，还存在一些“自耕农民”，他们大多是各级贵族的远支宗族成员，拥有一小块耕地，但也需要向宗族缴纳一定的贡物或服一定的劳役，实际是依附于自家的宗子。

在井田制下，各级贵族所分得的田地不经许可是不能转让和买卖的。西周中晚期时，一些贵族常常驱迫奴隶去开垦荒地，以增加分外的土地，王室也会将未开垦的荒地或山林随意赏赐下级。这些田地，明显不属于“公田”，又不用征缴贡税，实际上归贵族们“私有”，也被称为“私田”。

为什么井田制已经无法再实行下去了？

西周王朝的衰亡

历经周文王、周武王的初创时期，到成、康之时居于稳定，前后近百年的时间里，周王朝都维持在强盛发展的道路上。然而从昭王、穆王两代开始，西周社会各种矛盾日益尖锐，周王朝的统治被不断削弱，国家逐渐走向衰亡。

昭王南征而不复

西周王朝在成、康之时，以东夷为心腹之患。楚人在西周东征时表面臣服于周王室，暗中却不断扩大自己的力量，在汉江流域迅速发展起来。到周昭王时，南方楚国已经成为威胁西周的新力量，楚和周的关系日益紧张。周昭王即位后，将南征楚国作为重要任务。

▲ 周昭王像

东夷之战

康王二十五年（前 996 年），周康王去世，其嫡长子姬瑕即位，是为周昭王。周昭王十四年（前 982 年）夏，镐京忽然异象频出，河水泛涨，井水外溢；地动山摇，星宿不见，一时间民心惶惶。

周昭王十六年（前 980 年），昭王决意出兵威慑蠢蠢欲动的东夷（今山东、江苏、安徽一带）各国。西周初年，这些方国对周王朝时服时叛。经过周公与成王的讨伐，周朝势力已开拓至今山东境内，但仍有淮夷、徐夷作乱。南部以楚为首的方国部落进犯周朝疆土，周昭王集结大军，决定先进兵东夷，消除后患。东夷各国见寡众悬殊，立刻纷纷归顺。至周昭王伐楚时，东夷南夷已有二十六邦国臣服。

▲《山海经》中祝融的形象

以蛮夷视之

楚人认为自己是“火神祝融”的后裔，是芈姓一族与江汉一带的部族融合发展而来的，最早居住在今河南省南部，后臣服于夏朝。在商朝崛起后，楚被商起兵征伐，被迫迁往更南的方向，最后在汉水流域的荆山地区定居下来，被称为“荆蛮”或“荆方”。他们政治立场并不稳定，一直属于王朝统治的不稳定因素。

周文王时为推翻商朝统治，便最大范围地争取各方诸侯和方国支持，以扩大势力，增强实力。当时荆方首领名为鬻熊，一力支持周文王，答应起兵时前去相助。不过那时荆方太过弱小，没有资格参加诸侯会盟。

荆方以南，今湖北省中南部的长江流域还生活着古老的三苗部族的后裔，统称“楚蛮”。为稳定统治，周成王将鬻熊的曾孙熊绎封于南方蛮荒之地，为子爵，称楚子，熊绎建立了楚国政权，居于丹阳。周成王的加封，意在以“荆蛮”制“楚蛮”，使其为周朝守好南方边境。

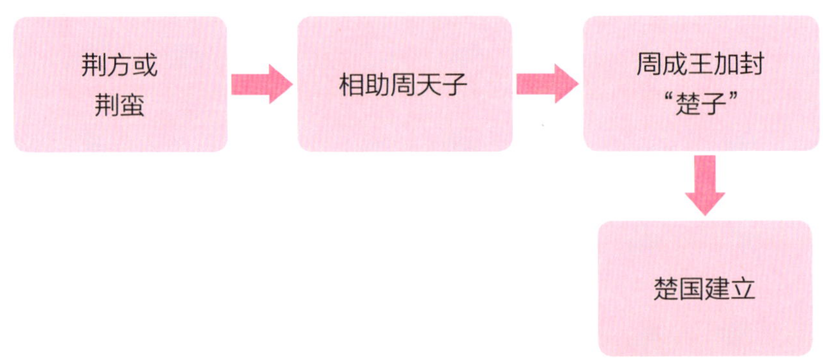

▲ 楚国的建立

在周人看来，楚国地处南方偏远之地，与尚未开化的野人无异，应“以蛮夷视之”，不让其参与中原诸侯的会盟。周对楚国的贡品要求不高，主要是苞茅、桃弧和棘矢，这些都属于祭祀时的必需品，也都来源于荆楚之地。其中，苞茅是一种茅草的嫩芽，用来过酒，也用来作为“社稷”的代表；桃弧是桃木弓，棘矢是荆棘箭，都是辟邪之物。

子爵爵位封地仅有五十里，土地狭小，人民贫困。随着周的强大，楚借西周之势，不断扩大疆域，最后不但统一了汉水流域，还向南扩地万里，一直到长江南岸，并吞并了周朝分封于淮、汉地区的各姬姓诸侯国，如息国（今河南省信阳市息县）、随国（今湖北省随州市）、郧国（今湖北省安陆市）等地。经过楚国数代君主的努力，楚国疆域不断扩展，国力不断增强，终于由一个仅方圆五十里的小国，发展成为泱泱大国。

历史拓展

《左传·子革对灵王》记载：“……昔我先王熊绎辟在荆山，筚路蓝缕，以处草莽，跋涉山林，以事天子，唯是桃弧、棘矢，以共御王事。”筚路蓝缕：意思是驾着简陋的柴车，穿着破烂的衣服去开辟山林道路。形容创业的艰苦。

昭王两次伐楚

昭王十六年，周昭王令大宰前往楚国，结果一行人皆遇刺身亡，楚国竟然对此供认不讳。昭王大怒，号令各方诸侯，南征楚国。周师大军逼近，南方各部落无不惊慌失措，几次战役下来，纷纷投降，昭王凯旋而归，特意铸造了青铜器记录此事，以标榜自己的功业。此次昭王南征，扩大了周的疆域，并将江汉地区纳入周的版图，大大提高了周的声望。

历史拓展

众多历史资料都记载周昭王崩于汉水，但其落水而死的原因却有很多种说法，除了正文中所写的“船解说”，还有“梁败说”（周人在汉水上架设浮桥，桥梁垮塌，昭王落水而死）、“地震说”和“鳄鱼说”（汉水桥梁垮塌，昭王跌落汉江，惊扰鳄鱼而命丧鳄口）。

而楚国在战败后，痛定思痛，大力训练水军，发挥地区优势，不断积攒力量。昭王十九年，周昭王再次南征。由于上次轻易取胜，周昭王此次并未通知各路诸侯，只带了守卫镐京的“西六师”等精兵前往，结果因长途跋涉，又不擅水战，几次交战，周军死伤无数。昭王狼狈回师镐京，成日闷闷不乐。

昭王末年，昭王再次召集诸侯讨伐楚国。大军浩浩荡荡，楚国深知自己实力单薄，远无法与周联军相比，于是很快派使者投降，献上珠宝和奴隶，表示归降。昭王大喜，接受了投降。听说汉水沿岸风光秀美，昭王决定乘船顺汉水而下，楚国使者表示可提供“如履平地”的大船以供使用。

周昭王沉醉于山水景色，心中惬意。不料有一日汉水起风，水面波涛汹涌，大船竟然解体，四分五裂，昭王和随行大臣皆落水而亡，“昭王南征而不复”。

原来，此船是用胶黏结而成，没有一根铁钉，在水中时间久了，自然容易分解。周王室讳言此事，并没有向诸侯

历史拓展

“玄普邵昭王，广能支楚荆，帷奥南行。”这是“西周墙盘”铭文中对昭王功绩的记载。西周墙盘铸于西周共王时期，是西周微氏家族中一位名叫墙的人为纪念其先祖而做。墙盘内底部铸刻有18行铭文，共计284字，记述了西周文、武、成、康、昭、穆六王的重要史迹以及作器者的家世。

正式通报昭王之死，只说“南巡狩不返”。

有学者认为，昭王南征，讨伐对象并不是代表“荆蛮”的楚子，而是更为南方的“楚蛮”，由于二者在商周并称“荆楚”，荆方又被分封为“楚子”，所以二者常常被混淆。

随着周昭王溺死，周朝核心武力也全军覆没。战后，周王室失去了对汉江地区的控制，继位的周穆王将国防重心转向北方，不再对南用兵。

“昭王南征而不复”对周王朝是一个沉重的打击，可以说是西周建国以来最严重的一次挫折，国势也因此下降，周王室由盛转衰。楚国却在后来成为春秋五霸之一，雄踞南方，问鼎周疆。

周人视汉水而为畏途，再也不敢跑到汉水南面来惹是生非，战略重点转为东征淮夷。在连续几代的多次伐夷之役中，周王朝消耗了大量的财力和兵力，经穆王一代，渐渐衰微。

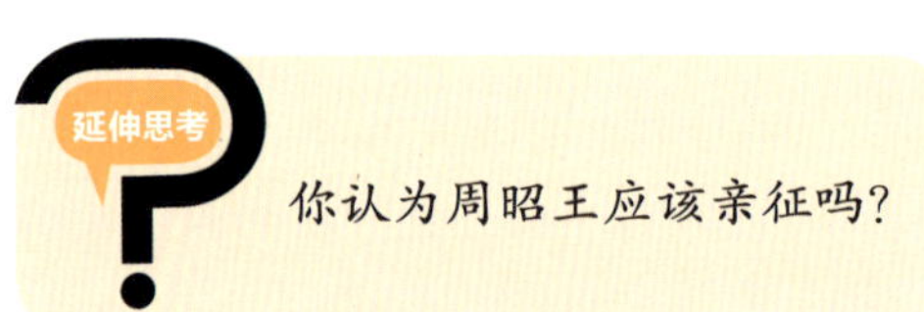

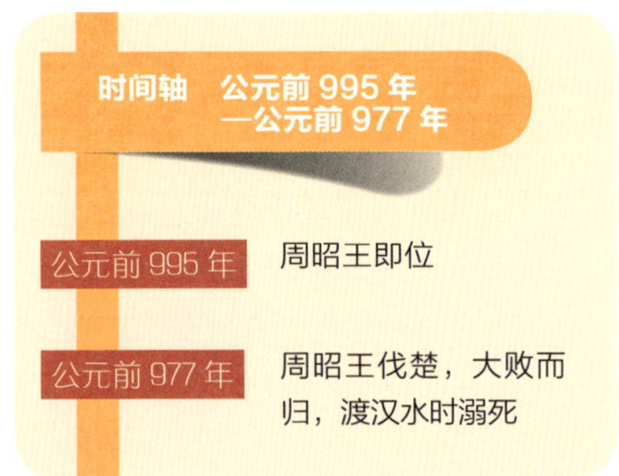

传奇天子周穆王

周昭王十九年，昭王姬瑕第三次亲征荆楚，薨于汉水，太子姬满践位，成为西周第五位帝王，是为周穆王。继位时他已经 50 岁，传说中享寿 105 岁，在位时间约为 55 年，是西周在位时间最长的帝王。周穆王是中国古代历史上最富于传奇色彩的帝王之一，世称“穆天子”。

《吕刑》正天下

中年即位的周穆王并没有急于像自己的父亲那样以武力征讨四方，他认为整顿周朝内政才是当务之急。他命大臣伯臩整理了执政规范，向朝中官员大臣统一发布；又令司寇吕侯作《吕刑》，制定了墨、劓、膑、宫、大辟五刑，以正天下。

▲ 周代晚期青铜壶

原本的西周刑法分为“轻典”“中典”“重典”，周穆王为维护周王室统治地位，废止严酷的旧法，以“明德慎罚”原则，制定了《吕刑》。

《吕刑》在第一章中申述了用刑的理由，讲述了先王制定刑法的背景；然后在第二部分详述了刑罚的内容、适用范围、原则和目的等；最后训诫后代应恪守刑法。

《吕刑》中记载着若触犯刑法，可以上交一定财物而免除一定的刑罚

周穆王 VS 犬戎王

自周武王始，周王朝一直把开拓的重心放在东方，其次是东南。到周昭王时，国力强盛，便把目光转向南方。周穆王时继续保持向外扩展的态势，一改昭王时对犬戎的避让策略，转守为攻，开始对北方犬戎进行军事试探。

《国语·周语》记载，位于西北方边远地带的犬戎诸部，一直被列为“荒服”，需向周王室进贡方物特产。周穆王十二年，犬戎没有及时进贡，周穆王以此为由，亲自领兵对犬戎征伐。

大臣祭公谋父持不同意见，认为只要犬戎能够尽到义务，做到按时前来朝拜，确认对周的臣属关系足矣，但穆王执意西征，发动了对犬戎的战争，欲加强对北部和西北部游牧民族的控制。战争以周穆王“得四白狼、四白鹿以归”告终，犬戎西退至今甘肃平凉以东的“太原”，周王朝的边

历史拓展

由于《吕刑》是吕侯主持修订，故称之为《吕刑》。作为西周法典的《吕刑》，其原件已失传，但其有关内容由于《尚书·吕刑》篇得以保存下来。《吕刑》内容共分为三章，合计三千条。西周中晚期青铜器“训匜”上有铭文 157 字，记述了周王重臣伯阳父依据当时的刑法处理的一件案子。因诬告上级训，一位任牧牛的小官被判处鞭打一千、黥面、免职，也可按照当朝法典交金（铜）三百锾、鞭打五百处理。整个案件处理严格，还有结案书，程序也相当完整。

历史拓展

古代王畿外围，以五百里为一区划，由近及远分为甸服、侯服、绥服（一曰宾服）、要服、荒服，合称五服。服，服事天子之意。

▲ 五服的含义

界大大拓展，但与犬戎诸部的矛盾也加深了。

周穆王西征犬戎时，东南地区的徐奄诸部（徐方、淮夷）趁机发动叛乱，北上掳掠，甚至深入到周的腹地黄河流域一带，被周穆王兴兵镇压。周穆王统治时期，疆域辽阔，国势强盛，但也激化了各种矛盾，潜藏着危机。

到周厉王时期，南夷、东夷不断与周对峙，不断削减着周的实力。

总的来说，夏、商、周三族为核心的华夏族，无论经济、政治还是文化都是发展水平最高的部族，在与周边蛮、夷、戎、狄各少数民族的不断斗争中也在不断融合，为汉民族的形成奠定了基础。

周穆王驾八骏西巡天下

古代最主要的交通工具是马车。周天子地位尊贵，出行所使用的也只是豪华马车。《穆天子传》记载，周穆王拥有来历不凡的神马八匹，即“八骏”。这八匹骏马，堪称周穆王的心肝宝贝。就连给周穆王驾车的车夫也来历不凡，其名为造父，是周穆王主政时期最著名的养马、御马高手。造父的祖上世代以牧马、御马为生，由于技术精良，而被推荐去为周天子养马，并被封于赵

历史拓展

西晋时期，河南汲县一座战国时期的魏国墓葬被盗，出土了一大批竹简，均为重要文化典籍，通称“竹书纪年”，其中有《穆天子传》《周穆王美人盛姬死事》，后合并为《穆天子传》。《穆天子传》以日月为序，分为六卷，前五卷详细记载了周穆王在位时率师南征北战的盛况，也记述了周穆王一次西访西王母的远行，行程三万五千里。这是我国有文字记载的最早的旅行活动。周穆王堪称是我国最早的旅行家。

▲《山海经》中的西王母

地（今山西省临汾市洪洞县）。

为培育良驹，造父专门从夸父山上寻觅野马，捕获之后精心驯养。传说这些野马原是穆王祖先平定天下之后散放在夸父山上的战马的后代，血统极佳。经过一番辛劳培育，造父共驯养了四匹千里马，分别为乘匹、盗骊、骅骝、绿耳，再加上其他四匹良驹，一并献给了周穆王。

按照《穆天子传》的记述，周穆王于穆王十三至十七年（前 964 ~ 前 960 年）曾进军至昆仑之丘。这也是中原与西域进行交流的最早的史料记载。

> **历史拓展**
>
> 近代人认为，《穆天子传》为战国所作，内容多不真实，但反映了当时西周与西北各方国部落往来的情况，是中原与西域进行交流的最早史料记载。传统学者们认为，按照故事中所说的里程，西王母之国应在西亚或欧洲。但后来学者们又指出，中国秦以前的“里”指的是“短里”，只有今 77 米长。因此，西王母之国应在今甘肃、新疆一带，它以西宁、兰州为前庭，以新疆为后庭，中心在敦煌、酒泉一带。

有学者认为，所谓“周穆王会见西王母”，其实是穆王乘八骏之舆西巡昆仑，会见的是西王母之邦的部落联盟首领西王母。

平叛徐国

周穆王西征之时，位于东南的徐国趁机作乱。徐国在周朝初年就曾参与武庚叛乱，周公东征后，徐国时叛时服。

周穆王听到消息，命造父驾车日驰千里，迅速返回了镐京，及时发兵打败了徐偃王，平定了叛乱。由于造父立了大功，周穆王便把赵城赐给了他，自此以后，造父族就称为赵氏，为赵国始族。几十年后，造父的侄孙秦非子又因功受封于秦（今甘肃省天水市），为之后秦国始祖。

> **历史拓展**
>
> 据《史记 · 秦本纪》《史记 · 赵本纪》记载，徐戎作乱，周穆王在造父的协助下，日驰千里，返回救乱，将事态平息下去。《后汉书 · 东夷列传》中的记载有所不同，记述了当时穆王见徐势大，作出妥协，后又让造父驾车赴楚国要求其攻徐，徐偃王不忍兴兵抵抗，主动撤走。

你认为周穆王西游是真的吗？在当时来说，有什么积极的意义？

国人暴动与共和执政

周穆王以后，共、懿、孝、夷王先后继立，西周王朝内部的政治争夺日趋激烈，周王与诸侯之间的礼制被破坏，周王对臣下滥用权力的事件不断发生。周厉王继位后，残暴的统治终于引发了“国人暴动”。

“专利”事件始末

西周中期，周王室设置了虞、麓、场、林、牧及司王囿等官员，将山林川泽直接变成王室所有，而按照传统，原本天下山林川泽的渔猎之利是归全体氏族成员共有的，是广大“国人”获取生活资料的共有资源。周厉王贪婪残暴，不准人们在划归为王室的地方打水、捕鱼、伐木、打猎，使很多人无法维持生计。

所谓“国人”，主要指的是西周王朝的平民，也包括一部分中小贵族，他们享有一定的政治权力，同时也有参加军队、守卫国家的责任和义务。“专利”事件成为“国人暴动”的导火索。

更为火上浇油的是，周厉王擅改周公制定的籍田之法，加重了对国人的经济剥削，更加引发了国人的不满。

大臣召公发现民间怨声载道，连忙劝谏周厉王：“百姓已经无法忍受了，再这样下去，早晚会出乱子的！”周厉王却满不在乎：“不要着急，他们不过是在诽谤我，我有办法让他们闭嘴。”周厉王的办法就是直接下令，禁止国人评论朝政。他甚至从卫国找

> **历史拓展**
>
> 道路以目：出自《史记·周本纪》。在路上遇到不敢交谈，只是以目示意。形容人民对残暴统治的憎恨和恐惧。
>
> 防民之口，甚于防川：出自《国语·周语上》:“防民之口，甚于防川，川壅而溃，伤人必多，民亦如之。是故为川者，决之使导；为民者，宣之使言。”意为阻止人民进行批评的危害，比堵塞河川引起的水患还要严重。指不让人民说话，必有大害。

来巫师，要他们专门盯着敢于批评朝政的人，一旦发现，格杀勿论。

从此，国人再也不敢在公共场合谈论任何事情，即使在路上遇到熟人，也不敢轻易打招呼交谈，只能互相以眼色示意，便匆匆走开，镐京城内气氛极为紧张。

周厉王认为自己的办法相当高明，对召公说："我能够统一思想，不再有人敢胡言乱语。"而召公则说道："您这是强行封老百姓的嘴，哪里是老百姓没有自己的想法了啊。要知道，防民之口，甚于防川。川壅而溃，伤人必多，老百姓也是一样的道理啊！"但是，周厉王不以为然，依然我行我素，老百姓敢怒不敢言。

国人暴动

公元前 841 年，镐京城内的国人忍无可忍，小贵族、商人、手工业者聚集起来，冲向王宫，去找周厉王算账。起初周厉王还想把民众镇压下去，可调来军队中的兵士原来全是平民出身，他们见国人造反，很多人也参加进去了。周厉王眼看大势已去，只好带了一些随从，偷偷溜出了王宫。厉王临走前把太子姬静托付给了召公，逃到了彘地（今山西省霍州市东北）。共和十四年（公元前 828 年），周厉王在彘地去世，谥号厉王。

百姓得知大臣召公收留了太子，于是就包围了召公的家，勒令召公交出太子。召公考虑再三，决定用自己的儿子冒充太子交给愤怒的国人们，保全了太子的性命。

暴动平息后，周厉王无法再返回镐京，太子姬静也无法马上继位，于是周公和召公开始代行王政，改称年号为"共和"，史称"周召共和"。关于"共和执政"，还存在另一种说法。据说，厉王逃亡后，周朝东边的诸侯卫武公带兵赶到了镐京，于是召公便代表周厉王的旧臣出面请卫武公暂时代行执政，自己和大臣周定公（周公旦的后代）等组成奴隶主贵族会议辅政。因为卫武公名和，他的封地在共（今河南省新乡市辉县市），因此又称共伯和。共伯和虽然是代理，实际上在执政、问事上同天子一样。

共伯和执政以后，采纳了召公的建议，废除了厉王时的"专利"法，减少了

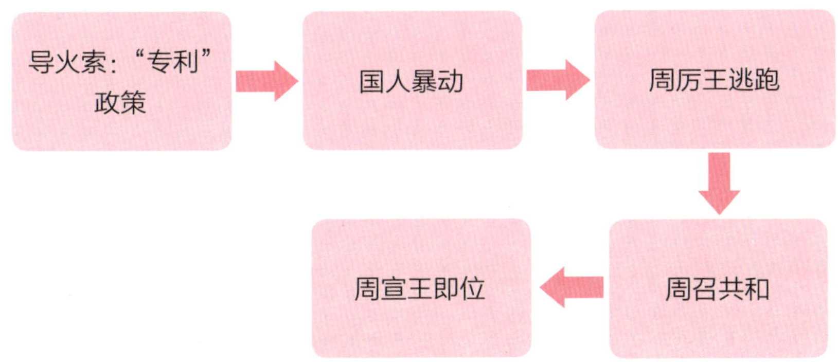

▲ 国人暴动发生的经过

名目繁多的赋税，人民得以安生，社会又趋于稳定。

史书上把共伯和执政的时期，称为共和时期。十四年后，流亡在外的周厉王故去，太子姬静长大成人，召公认为时机已经成熟，于是上朝讲明真相，拥立太子继位。共伯和知道自己不是周室正宗，难以服众，于是亲自到召公虎家把太子接进王宫，并举行了隆重的登基仪式。共伯和也回到自己原来的封地，重新做起了诸侯王。新即位的天子，就是周宣王。

这次以都城四郊平民为主体的暴动，历史上称为"国人暴动"。这一年，历史上称为"共和元年"。由于《史记》一书由共和元年开始系年纪事，因此公元前 841 年被视为中国历史有确切纪年的开始。

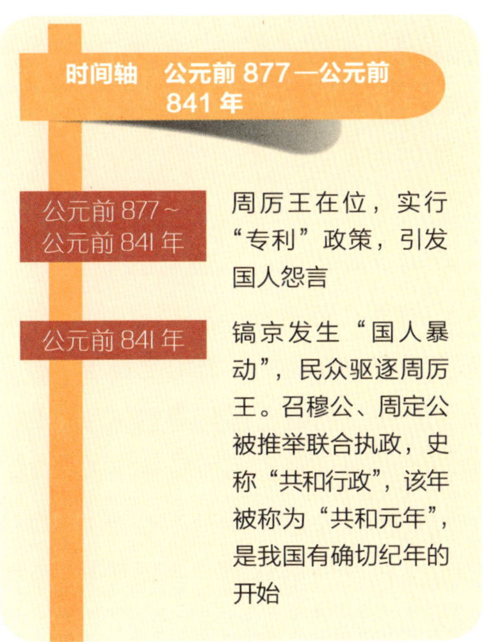

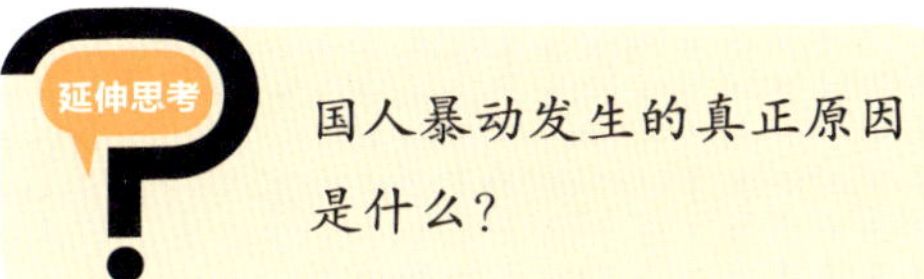

国人暴动发生的真正原因是什么？

宣王中兴：辉煌与危机

共和执政十四年后，周厉王死于彘，召穆公、周定公以及各诸侯拥立太子静继位，这就是周宣王。周宣王亲历国人暴动的动荡，政治上任用召穆公、尹吉甫、仲山甫、虢文公等一众贤臣辅佐朝政；军事上借助诸侯之力，任用南仲、召穆公、尹吉甫、方叔陆续讨伐猃狁、西戎、淮夷、徐国和楚国，使西周的国力得到短暂恢复，史称“宣王中兴”。

▲ 周宣王画像

有主见的君主

周宣王继位，发现自己面对的是千疮百孔的祖业，旧制度摇摇欲坠。由于受到国人暴动的洗礼，他锐意改革，做了很多改变，但也遭到了来自各方的反对。

西周王朝的土地分为私田和公田，私田是农民自己耕种的土地，公田则依靠民力共同耕种，归周王室所有，专用于祭祀上天。由于农民来自私田的收入已经能维持生活，渐渐地就不再愿意去耕种公田，时间长了，公田日益荒废。周宣王见此，则宣布“不籍千亩”，即将公田租给农民耕种，按一定数额征收田租，打破了公私田的界限。

原本公田是专用来祭祀上天，为了表示重视，以往每年春耕时，周天子都要带领大臣和百姓亲身而为，宣王时这项仪式也不再维系，这遭到了许多大臣的反对，尤其是虢文公的强烈反对。虢文公认为，这是对上天的不敬，也是对祖制的违背，是“大不敬”的失德之举，会影响周王朝的“天命”，是大错特错的。周宣王据理力争，坚持改革，有学者认为这为后世土地赋税制度的变革开了先河。

除此之外，周宣王的另一项举动也引起了争议。当时奴隶逃亡，户口流离，周王室和奴隶主们所掌握的劳动力和士兵越来越少。征讨南国事败后，周宣王想要补充兵源，却发现可以征兵的人数大不如前，对此他感到十分忧虑，于是想要清查人口。大臣仲山父认为，按照祖宗规矩，奴隶人口无须普查，原本就应该一清二楚：司民负责登记生死；司商负责赐族受姓；司徒负责人口来往；司寇负责处决罪犯；司牧知晓职员数量；司工知晓工匠数量；司场负责人口迁入；司廪负责人口迁出，所以天子通过询问百官就可以知晓人口数量了，还可以通过管理农事来调查，没有必要刻意普查，而且，如果公开普查人口，反而暴露出周王朝“虚弱”的一面。但周宣王认为，现在情况已经如此，即使不这样做，周王室也会更加衰微，毫无威严，最终“料民太原”，也开启了各朝清查户口之先河。

南征北战

由于西周已显弱势，王朝的北方、西北方和东南方边境常有外族侵犯。西戎、猃狁、淮夷、徐方等方国或部族，经常直入中原掳掠财物和人口。宣王继位后，对来犯的周边民族进行了反击。

首先，是来自江淮地区的“淮夷”。淮夷是淮河、汉江一带的东夷部族，又称南淮夷、淮南夷或南夷，自周穆王时期开始强盛，多次入侵伊水、洛水流域。淮夷时常侵扰周边，周厉王时就与之发生过激烈战争。宣王命召公统军出征，最终平定了淮夷。

周宣王五年（公元前 823 年），宣

> **历史拓展**
>
> 据《师寰簋铭文》记载，此战师寰作为随军将领，统帅齐、杞、莱等国军队，消灭了淮夷的冉、翼、铃、达四位首领，获得俘虏、牲畜及财物，取得战功。

历史拓展

尹吉甫是周宣王时的太师，西周时期著名的贤相，辅助周宣王中兴周朝，因为是流传后世的《诗经》的总编纂者，所以又被尊称为“中华诗祖”。尹吉甫奉周宣王命与南仲出征玁狁，获大胜，反击其到太原附近。后又发兵南征，对南淮夷征取贡物，深受周王室的倚重。出土遗物中有著名青铜器兮甲盘。

王命尹吉甫向淮夷征收布帛、财宝、粮食及力役，并且颁布法令，规定淮夷在经商时，不得扰乱当地的治安和市场秩序。后因淮夷停止纳贡以及再次反叛，周宣王命召穆公率军征讨。此战过后，淮夷彻底臣服于西周。

北方和西北方的玁狁势力猖獗，周宣王五年，玁狁再次进攻西周，主力部队集中于焦获（今陕西省咸阳市泾阳县西北），前锋部队抵达泾阳（今陕西省咸阳市泾阳县境内），直接威胁到镐京的安全，周宣王命尹吉甫率军反攻。宣王亲自带兵征讨玁狁，将其逼退到甘肃平凉一带。

不久后，宣王又对荆蛮、淮夷以及徐方进行征讨，连续取得胜利。周宣王南征北战，一定程度上恢复了周王室的尊严，显示了王朝威仪，诸侯们也再度来到镐京朝拜周王室，这段时期也被称为“宣王中兴”。

干涉鲁政，丧失威严

周宣王继位后多次对外用兵，因连年征战，国力消耗，加剧了西周王朝的社会危机。周宣王晚年独断专行、不进忠言、滥杀大臣，宣王中兴遂成昙花一现。

周宣王十一年（公元前 817 年）春天，鲁国国君鲁武公带长子公子括、少子公子戏来朝见周天子。周宣王因喜爱公子戏，便想要立公子戏为鲁国太子。周朝大夫仲山甫竭力劝阻，认为这是“不合于礼”的命令，必然会引起后续的一连串事端，然而，无论如何劝谏，周宣王依然一意孤行，执意立公子戏为鲁国太子。同年夏天，

历史拓展

仲山甫，一作仲山父。周太王古公亶父的后裔，虽家世显赫，但本人却是一介平民。早年务农经商，在农人和工商业者中有很高的威望。周宣王元年（公元前 827 年），受举荐入王室，任卿士（相当于后世的宰相），位居百官之首，封地为樊，从此以樊为姓，为樊姓始祖，所以又叫“樊仲山甫”“樊仲山”“樊穆仲”。

鲁武公回国后去世，公子戏继位，是为鲁懿公。

公元前 807 年，原鲁武公长子公子括早已去世，但公子括的儿子伯御却不甘心就这么放弃本属于他的王位，于是兴兵作乱。鲁国本是周公之后，素来以礼为主，鲁武公废长立幼明显于礼不合，所以伯御作乱很快就得到了鲁国人的响应。

伯御与鲁人一起杀死鲁懿公后，自立为君，史称“鲁废公”。伯御在宫内搜寻鲁懿公的弟弟公子称，准备将他杀掉。公子称的保姆孝义保以自己的儿子替代公子称，结果被伯御杀死。

公元前 796 年，周宣王听说鲁懿公被杀，鲁国作乱，于盛怒之下兴兵伐鲁，杀死了伯御。周宣王询问大臣鲁国公子中谁能胜任鲁国国君之位，仲山甫说，鲁懿公的弟弟公子称，庄重恭敬，敬重老人，处事执法遵循先王遗训及前朝礼制。周宣王于是在夷宫立公子称为鲁国国君，是为鲁孝公。此事过后，周天子声望大减，诸侯多有违抗王命之举。

历史拓展

千亩之战是西周宣王时期的著名战役。《史记·周本纪》记载:“（宣王）三十九年，战于千亩，王师败绩于姜氏之戎。”司马迁这一记载的依据是《国语·周语上》，这一战中周宣王是战败一方，“丧南国之师”。按照《史记》的年代体系，周宣王三十九年应为公元前 789 年。

宣王统治晚期，周军在千亩之战中败于姜戎，南国之师全军覆没。为紧急补充兵源，才有了“料民太原”之举。周宣王是一位有作为的君主，但他的种种努力只能稍稍暂缓而无法阻止周王朝的衰微，周朝社会各层面的矛盾越来越激化。经过四十多年的统治，心劳日拙的周宣王退出了历史舞台。

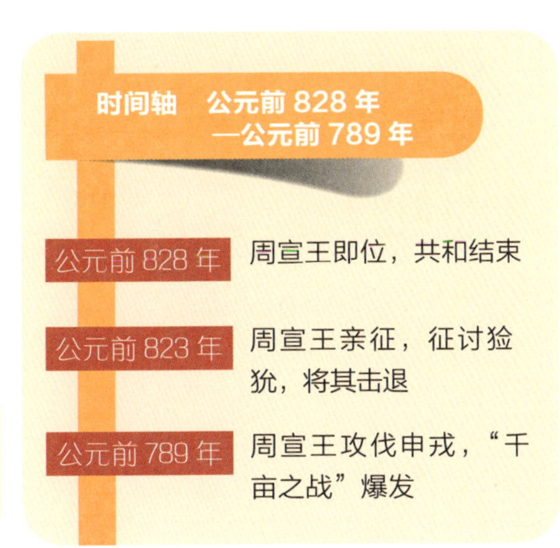

“宣王中兴”为什么无法拯救西周王朝?

西周灭亡：周幽王与褒姒

宣王四十六年（前782年），周宣王去世，其子姬宫湦即位，是为周幽王。周幽王是西周的第十二任君主，也是西周的最后一个王。他即位后，不问政事，沉溺女色，直接导致了西周王朝的灭亡。

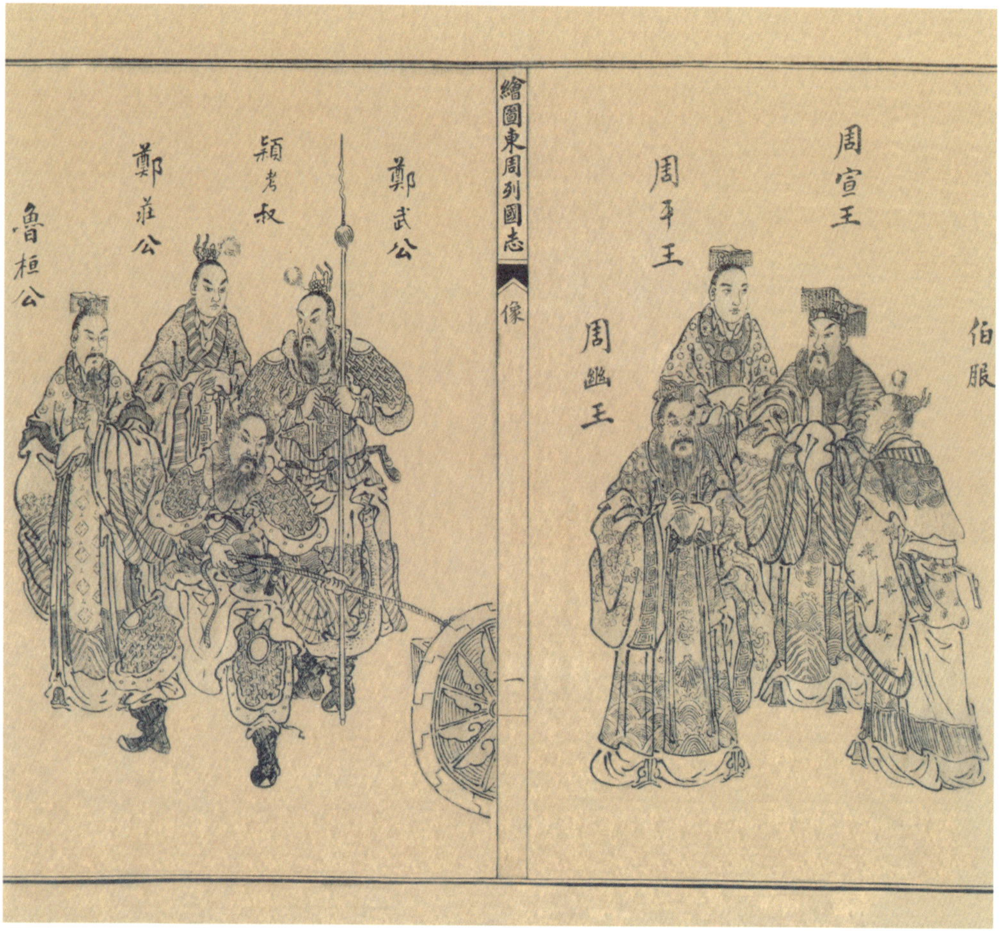

▲ 东周列国志中的周幽王（右四）

天灾来袭，三川地震

根据《史记·周本纪》的记载，幽王二年（前780年），西周镐京和附近的泾、渭、洛三条河川同时发生震动。大夫伯阳父忧心忡忡，他认为周朝已经出现灭亡之兆，地震的发生就是证明。伯阳父甚至预测“周氏天下不出十年当亡”。巧的是，同年，泾、渭、洛三条河川枯竭，岐山崩塌。周幽王十一年（前771年），河枯山崩事件发生正好十年，周幽王被犬戎所杀，西周灭亡。

烽火戏诸侯

周幽王在位时，各种社会矛盾急剧尖锐化，政局不稳，地震、旱灾屡次发生。周幽王变本加厉地加重剥削，任用贪财好利、善于逢迎的虢石父主持朝政，引起国人怨愤。大夫褒珦劝诫周幽王不要再荒废下去，结果激怒了周幽王，把褒珦关入监牢三年。褒珦的族人为了救他，献上了美女褒姒，周幽王得之视若珍宝。

▲ 清代《百美新咏图传》中的褒姒画像

据说褒姒虽美，却老皱着眉头，连笑都没有笑过一回，周幽王便想尽法子引她发笑，任何人若有办法让褒姒一笑，便有重赏。他的宠臣虢石父对周幽王说：“我朝为了防备西戎侵犯，曾在骊山（今陕西省西安市临潼区城南）一带建造了二十多座烽火台。万一敌人打进来，守关的士兵就会白天放烟，夜间点起烽火，从第一座烽火台开始，一座连着一座，让邻近的诸侯瞧见，好出兵来救。这几年天下太平，烽火台也没用了，不如把烽火点上，叫诸侯们以为敌人来犯，娘娘见这些兵马一会儿跑过来，一会儿跑过去，定然觉得好笑！”

> **历史拓展**
>
> 《诗经》里说，“赫赫宗周，褒姒灭之。”褒姒，褒国（今陕西省汉中市）人，姒姓，故称褒姒。

周幽王一听，立刻拍手称好。他带着褒姒来到骊山，却被司徒郑伯友所阻。郑伯友力劝幽王烽火之事不可

▲ 烽火台

儿戏，反而激起了周幽王的脾气，他冷冷地说："现在天下太平，有什么能出兵的事？不过跟诸侯们开个玩笑，他们难道还会生天子的气？"

于是，周幽王下令点火。烽火一点起来，半夜里满天全是火光。邻近的诸侯看见了烽火，赶紧带着兵马来到镐京；听说周王在骊山，又急忙赶到骊山，没想到一个敌人也没有看见，也不像打仗的样子，还能听见奏乐和唱歌的声音。这时，周幽王派人前来解释道："辛苦了各位，没有敌人，你们回去吧！"

诸侯们这才知道上了周王的当，敢怒不敢言，各自带兵回去了。

褒姒瞧见这么多兵马忙来忙去，忍不住一笑。周幽王很高兴，以千金赏虢石父。为此，周幽王数次戏弄诸侯们，诸侯们渐渐地再也不来了。

历史拓展

清华大学整理获赠的战国竹简（"清华简"）时，发现竹简上的记述与"烽火戏诸侯"相左。清华大学收藏的战国竹简记载，周幽王主动进攻原来的申后外家申国，申侯联络戎族打败周王，西周因而灭亡。竹简上并没有"烽火戏诸侯"的故事。有学者认为，就此可以认定"烽火戏诸侯"并非西周灭亡的原因，甚至可以断定这个故事是编造的。

▲ 周幽王烽火戏诸侯

周幽王只知道博取美人一笑，却没意识到天子威严尽丧，他已失信于诸侯了。

亡国危机

周幽王四年（前 778 年），褒姒为周幽王生下儿子姬伯服，从此，周幽王对褒姒更加宠爱。褒姒为巩固自己的地位，便与虢石父勾结，要求幽王立自己的儿子姬伯服为太子。王后申后是申国（今河南省南阳市）之君申侯的女儿，申侯听说女儿和外孙即将被废，便进谏说："夏桀因宠爱妹喜而亡国，商纣因宠爱妲己以致灭亡，您现在如此宠信褒姒，还废立太子，这是亡国之兆啊！"

幽王听后大怒，最后竟然真的废黜了王后申后和太子姬宜臼，而立褒姒为王后、姬伯服为太子。太子姬宜臼逃到申国，这激怒了申侯。虢石父借机向周幽王进谗言，周幽王在盛怒之下，准备兴兵伐申。申侯自知国小兵弱，势孤力单，不能与周匹敌，于是先发制人，趁周幽王的军队尚未出动之时，借犬戎兵一万五千多人将周都镐京包围。

周幽王醉心玩乐，直到犬戎兵临城下，才知道事态严重。他急忙令手下点起烽火，然而诸侯们都认为幽王又在戏弄他们，没有一人前来。周幽王见救兵不至，犬戎日夜攻城，便让虢石父带头突围，虢石父硬着头皮迎上，被一刀斩于车下。周幽王带着褒姒和伯服仓促出逃，结果被杀于骊山之下，传闻褒姒最后被犬戎掳走。

西周灭亡

周幽王死后，褒姒之子伯服逃到晋国，晋侯有心拥立伯服；而申侯则联络了一些诸侯拥立前太子姬宜臼，当时申侯势大，晋侯最终杀了伯服，倒向姬宜臼。姬宜臼即位，是为周平王。宗周镐京被犬戎破坏，一片混乱。公元前770年，周平王在晋文公、郑武公、卫武公、秦襄公护送下迁都成周洛邑，建立东周。平王东迁，标志着西周王朝的结束。

如果没有周幽王"烽火戏诸侯"，那么西周王朝还会灭亡吗？

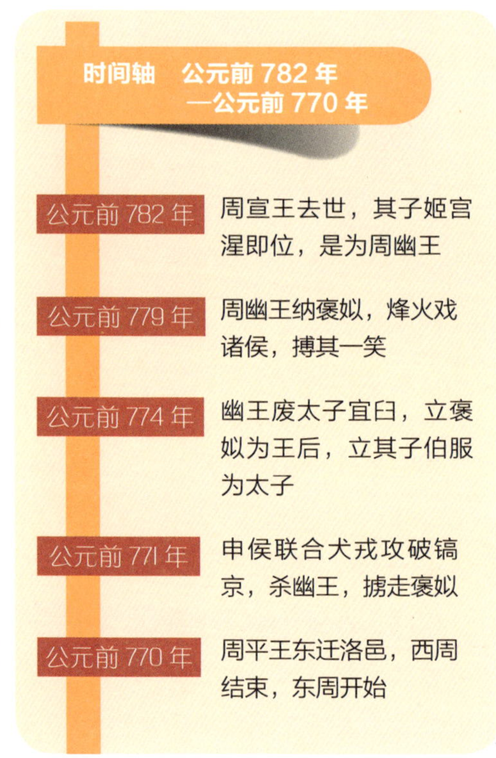

西周社会发展概况

周以“后稷”为祖先，表明了重农是西周立国的特点。由于耕作技术的进步，西周时期的农作物，如稻、粱、粟、麦、菽、稷以及桑、麻、瓜、果之属，品种和产量都有了增加。《诗经》里也常能看到一些喜庆丰收的诗句。

西周农业和手工业发展概况

了解西周农业发展的情况，应该从生产工具和人力两个方面考察。一些有关农事的诗篇常常提到用比较锋利的耜在“南亩”中开展耕作，这些专用农具应当是由金属制造的。从考古发掘的情况来看，铁制农器的使用始于西周是可能的。

西周时期主要的农业生产工具有耒、耜、钱、镈、铚等。

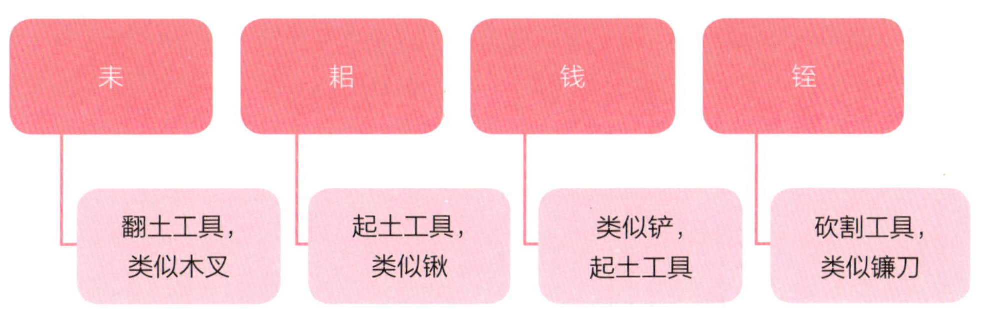

▲ 西周时期主要的农业生产工具

西周时期，盛行耦耕，即二人为一组，合力而耕，既省力，效率也高，这是耕作方法的进步。当时，人们不仅懂得深耕、熟耘，而且也能使用绿肥，即把田间杂草沤烂和制造堆肥，使黍、稷等作物生长得更为茂盛。用火化、土化等方法制成的堆肥，也是西周常用的肥料。

周王朝很重视手工业生产。“工商食官”是西周政府占有工商业者并进行垄断性经营的制度。工，即“百工”，指手工业作坊的各类生产者；商，指官贾；食官，靠官府所给的粮食而生活；即作坊和工匠，都由官府管理。在西周，王室和各诸侯国拥有各种手工业作坊，占有大量的手工业者，并设工官管理。作坊内设有监工，督促众工劳动；生产用料及工人食宿皆由官府提供，百工按工师设计的官方“图程”生产各种器物，“工有不当，必行其罪”。

历史拓展

西周时期的商人以家庭或家族为单位，主要为天子、诸侯、贵族服务，他们为国家提供商品，也为国家出售商品，虽在理论上处于平民阶层，但对天子、诸侯、贵族却有很大的依赖性。在“工商食官”的制度下，工商业家族具有职业世袭的特征，被国家认可的经商家族或家庭，会以国家法令的形式固定下来，世代相袭。

西周时手工业种类很多，分工很细，除青铜业以外，还有纺织、制陶、制车以及玉石、木器和皮革加工等行业。该时期制陶业有了较大发展，西周晚期出现了陶瓦，是古代建筑材料的重要进步。陶器制作以轮制为主，生产效率有了很大提高。

西周的纺织品种类有葛布、麻布、丝织物等。葛布是由葛藤制成，麻布是用大麻或纻麻制成的纺织品。在西周遗址中，曾发现大量的陶纺轮和少量的石、骨纺轮，还发现了纺织用的其他工具如骨、角及铜制的锥、针等。西周的丝织业也有了较大发展。在陕西宝鸡茹家庄及河南浚县辛村的西周墓葬中，还发现了玉制的蚕。据考古发掘，西周的纺织品主要分平纹织品及斜纹提花织品。西周也出现了刺绣技术，染色技术也有很大提高并得到了普遍运用，据《周礼》记载，当时还设有专门管理丝帛染色的“染人”一职。周代的染料主要分矿物染料和植物染料，其中植物染料是古人最主要的染料，染绛用茜草，染青则用蓝草。

周代青铜铸造业的发展

青铜器铸造是手工业生产的重要部门。西周初年铸造的青铜器，其形制、纹饰、品种和商末大致相似。考古发现，西周铸造青铜器的地域分布，比商代要广泛得多。周王室和诸侯公室，乃至一般贵族，都拥有规模大小不等的铜器铸造

▲ 西周青铜甬钟

作坊，甚至影响到比较边远的少数民族地区。西周青铜器的数量远远超过商代，历代出土的西周青铜礼器、用具、兵器、工具、饰物，数以千计，更有很多成批的出土。

西周中期以后，青铜器开始形成周代自身的特点。西周青铜器中，酒类器具逐渐减少甚至消失，乐器、武器开始出现并大量制造，还出现了贵族出生、嫁女时使用的青铜生活用具，说明青铜器的用途在周代越来越广泛。

西周青铜器最大的特点，是器具上熔铸了大量的铭文。商代晚期的青铜器上虽然也出现了铭文，但字数都比较少，而且大多刻录的是氏族的称号或徽号。西周青铜铭文大多比较长，其中宣王时的《毛公鼎》字数多达 497 个，是目前所知最长的青铜器铭文。

西周青铜器的造型以及纹饰艺术，在初期与中后期呈现出不同的风格和特征。早期青铜器显示了对商代工艺的继承，风格凝重，中期以后的西周青铜器造型轻巧，器物造型更贴近生活，神秘造型和文化因素影响逐渐减少，纹饰日趋简单。一些神秘纹饰如饕餮纹、夔纹等逐渐减少甚至消失，简单明快的几何图案日益增多。

值得注意的是，西周晚期，周人已掌握了人工冶铁技术。

西周商业发展概况

在西周，商业由国家和贵族垄断，在一些较大的都邑中，已经有市场的存在，管理市场的人被称为“质人”。市场交易的物品有兵器、牛马、丝帛等，还有奴隶；进行交易的货币是以“朋”为单位的贝。金属铜本身是重要商品，有时也被当做货币使用，较商代更为流行，单位是锊。

西周民间贸易活动数量较小，大多为以物易物。

西周时期，商业发达，有专门从事贸易活动的商人。海贝、海蚌和占卜用的龟甲等，往往都是从远方进贡和交换来的。舟船和马车是西周重要的交通工具。

另外，青铜器上的许多“金文”，如贵、贱、贫、宝等都带有“贝”字，可见西周商业发展之盛。

西周的官制

西周的政治组织和社会制度，是因袭夏、商，经武王、周公、成王和康王几代建立起来的。《尚书·立政》等文献记载了不少周初官名，近年来出土了大量

▲ 商周贝币

周代青铜器，其铭文中记载的周代职官，也可以与文献记载相补充。

在西周整个政权体制中，周王是最高统治者，周王之下，有执政卿士，如太宰辅佐周王处理政事。

在执政卿士以下，有两大官署最为重要：卿事寮与太史寮。所谓“寮”，是对百官官署的称谓。有学者认为，这两个部门代表的是行政与文化两大职官系统。

“三有司”即司徒、司马、司空，是西周中央机构中重要的行政官员，也称三事大夫。其中，司徒负责管理土地、人口和农业等，下属官员有虞、林、场、牧等；司马主管军事事务，包括征收军赋、训练士兵和执行军法等，下属官员有走马、师、师氏、司旗等；司工负责各项工程的建造。

西周王朝负责宗教和文化的官员分类较细，有祝、宗、卜、史等。史官负责记录事件、制定历法、管理档案等，职位有太史、内史、作册、御史、中史等。祝官负责为周王祝祷、祈禳等，一般称太祝或祝，按区域划分职司，如五邑祝等。卜官负责占卜、预测，职位有太卜、卜、司卜等。宗官负责宗庙事务，有太宗、宗人等称谓。

周王起居等王室事务也专设宰职来管理，另有小臣、御正、守宫、内师、善夫、妇氏等负责周王起居、饮食、出行、护卫、教育、娱乐、田猎以及日常器物制造等事务。

周王朝中央的一些职官名称，往往被诸侯国或采邑照搬到地方区域使用，虽然称呼相同，但政治地位明显不同。另外，西周时期的地方诸侯可以兼任中央职务，如周初时召公虽然封国在燕，但长期在中央担任太保一职。

西周的中央机构推行“世卿世禄”制，即某一官职父死子继，世代由同一家族的人担任，如祝、宗、卜、史等都有明文规定必须世代承袭。

历史拓展

据《周礼》记载，西周有六官制，即六个官府，分别是天官、地官、春官、夏官、秋官、冬官，六官各司其职。天官冢宰主要负责统领百官，辅佐天子；地官司徒负责国家民政；春官宗伯负责国家礼仪、王族事务；夏官司马负责军事；秋官司寇负责刑法；冬官司空负责公共工程。

西周时期的奴隶制度

西周时期，奴隶制度依然盛行，大量奴隶供贵族等封建主役使。奴隶的来源是俘虏、罪人及其妻、子，不同的是，出于赏赐或买卖的常称为“臣妾”，来自罪人或战俘的常称为“隶”。“臣妾”即男女奴隶，与财物、马牛一样，均属特定主人的财产，若逃跑、诱拐都要加以刑罚。奴隶可在市场上买卖，一般从事家内劳动。

承担主要生产劳动的，是在田野耕耘的庶人。他们的身份表面虽与臣妾和隶不同，但也一直过着贫困苦难的生活，终身为贵族所使役，地位几与奴隶无异。

西周时期的刑法

夏有《禹刑》，商有《汤刑》，到了西周时期，刑法有了进一步的发展。建国之初，周公制定了具有法律意义的《誓命》，提到“毁则为贼，掩贼为藏，窃贿为盗，盗器为奸”。周穆王时期，又制定了《吕刑》，作为西周王朝的法典。

《吕刑》主要记述了当时的法律原则、详尽的赎刑及一般司法制度，并将刑罚分为五大类，即墨、劓、剕、宫、大辟五刑，据说各条款合计共3000条。其中，墨刑指在脸上刺字，相关条款有1000条；劓刑是割去犯人的鼻子，相关条款有1000条；剕刑是砍断犯人的腿，相关条款有500条；宫刑是割去生殖器，相关条款有300条；大辟就是砍头，相关条款有200条。犯了上述“五刑”的人，可以通过交纳数量不同的罚金而得到赦免。

负责刑法的官员称“司寇”。从很多铭文看，西周的司法审理权不在司寇，而是由公卿负责。

历史拓展

明德慎罚是西周的立法指导思想之一，即尚德、敬德，刑法适中，不乱罚无罪，不乱杀无辜。因此，西周时的刑法还有以下几个原则：一是幼弱、老耄、蠢愚三者减免刑罚；二是区分故意犯罪与过失犯罪、惯犯与偶犯；三是对于疑难案件，从轻处断或加以赦免；四是宽严适中，即判刑时要恰如其罪，不可畸轻畸重。

西周时期的军事制度

由于奴隶制经济的发展和国家机

器的逐步完善，西周王朝已经建立了正规的常备军。常备军的最高编制单位是师，每师 3000 余人。周初建时有六个师，屯驻于都城镐京，用以护卫国都，抵御外族入侵。因为镐京又称宗周，所以这支部队亦称“宗周六师”；又因宗周在西，成周在东，因而也称宗周六师为“西六师”。

《周礼·地官·司徒》有云：“五人为伍，五伍为两，四两为卒，五卒为旅，五旅为师，五师为军”，即在师之下尚有旅、卒、两、伍等编制单位。据《尚书·牧誓》可知，与此相应的军事将领有师氏、亚旅、千夫长、百夫长等。

西六师是西周前期的中央直属常备军，一般由周王亲自统率指挥，负责守卫首都，后在跟随昭王攻伐荆楚时全军覆没。

另一支直属中央的军队称“殷八师”，驻守成周，也称“成周八师”，最初是为监视居住于宋、卫一带的殷商遗民而建，后负责镇抚中原地区。《禹鼎》铭文记载，周厉王曾以西六师、殷八师征东南夷族。

周穆王姬满之后，周王朝与游牧

历史拓展

禹鼎，西周晚期著名青铜器，为周厉王时禹所作，1942 年在陕西省岐山县任家村出土。宋代《历代钟鼎彝器款识法帖》等书著录称为“穆公鼎”。器内壁铸铭文 207 字，记述鄂侯（名驭方）率南淮夷、东夷反周，周王曾以其“西六师”“殷八师”进攻鄂侯，未能取胜。禹以武公的兵车百辆和徒御 1200 参与作战，终被鄂侯俘获。

▲ 嵌绿松石青铜戈

民族犬戎之间的战争加剧，东八师经常西调至宗周与西六师一起集中使用，也就是说，仅在宗周及今关中地区就屯驻了 14 个师，共约 42000 人。

另外，周王本身还掌握一支随时听从调遣的部队称虎贲或虎臣，成员均为精心挑选，由王朝最精锐的士兵组成。据说武王克周时，三千虎贲是周在战场上的主力。根据铭文记载，周代虎贲军并非全由周人组成，还包括有西门夷、秦夷等多种夷人，甚至包括一些罪隶。

替周王镇守天下的诸侯，也有他们自己的军队。作为王朝的地方部队，在需要时须跟随周王出征。诸侯在本地区的征伐，要得到周王的授权。《礼记·王制》中记载："诸侯赐弓矢，然后征；赐斧钺，然后杀。"西周初期，姜子牙的封国齐国就曾得到周王的册命，可以征讨诸侯。

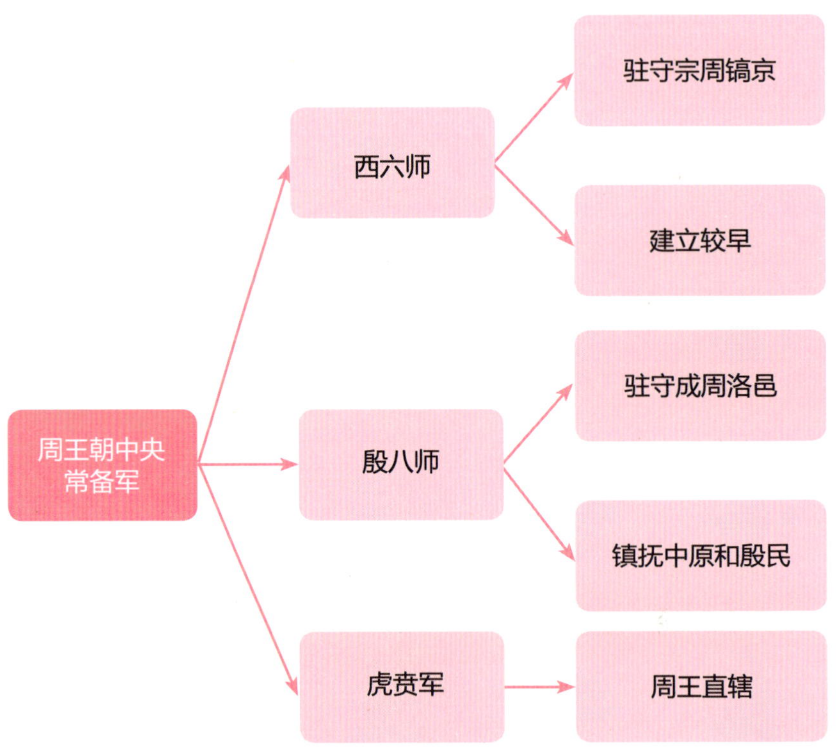

▲ 西周时期中央常备军的组织构成

▲ 西周青铜剑、青铜戈

西周的军队，名义上是由周天子直接指挥和调遣。如果进行重大的征伐，周天子常亲自率兵出征；如果周王不亲自出征，则指派重要的卿士统率中军，作为全军的指挥者。

军队以战车为单位，一辆战车称为“一乘”。各级军官，由地位与之相应的贵族担任；最基层的甲士，则由最低级的贵族和平民充任；奴隶则在军队中服杂役。

西周时期的战争主要是车战，与车配合的有徒兵。兵器种类比商代显著增多，出现了多种多样的戈、戟类兵器。

西周王朝实行“战时为兵，平时为农”的军事体制，所有国人都有义务出征作战。为了提高战斗力，务农间隙会抓紧进行军事训练，到冬季时还会进行集中训练。另外，田猎活动也是一种训练方式。

从龟卜到筮法

卜筮，古时预测吉凶，用龟甲称卜，用蓍草称筮，合称卜筮。夏商时期宗教迷信盛行，信仰对象宽泛，西周继承了殷商传统，但又有所发展。西周早期，卜筮依然是天意的代表，迁都、战争、祭祀等国家重大事件，都需要卜筮来听从上天旨意。考古发现的周人甲骨最早有周文王时代的，其形制与殷墟出土的商代甲骨十分相近。而西周甲骨也有上刻卜辞的，尤以陕西周原所出最多。

古公亶父迁居岐山时，就曾用甲骨占卜来决定城邑选址。周公营建成周时，也在洛邑周围的几大河流之间进行了很多占卜问神的活动。不过，西周时期的占卜方法由龟卜过渡为筮占。

筮占，根据蓍草排列和数字的变化，按照一定法则推衍得出结论，较龟卜有更大的灵活性和思想性。现在最古老的经典筮占就是《周易》。

西周时期，蓍草的筮占与龟卜并用，常先筮后卜，特别在占问国家大事时更要如此。在周人心目中，卜法比筮法更为重要，所问的事越重要，越要采用卜法。龟卜被认为是“鬼谋”，而占筮则侧重“人谋”。不过总的来说，卜筮的地位和作用较殷商时期已经大为削弱。

周人依然尊神，但更看重宗教活动中的君臣上下关系。按照西周祭祀制度的规定，只有周王和得到特训的诸侯才有

▲ 蓍草

资格举行郊天的祭礼，一般诸侯只能祭祀封地内的社神、山川、四望以及封地所对应分野中的星辰。

敬天、保民、明德

商代夏，周代商，都是经过“革命”而来，因此，西周统治者虽然依然把“上天”视为至高无上的主宰，但也强调人事的重要性，所谓“顺乎天而应乎人”。周公曾说“民之所欲，天必从之”，把天意和民心直接联系了起来。想要保有“天命”，就必须注意“保民”，为了保民，就要“明德”，即自我克制。敬天、保民、明德，这种思想变化比夏商时代有了重大进步。

西周科学技术的发展

中国古代很早就形成了观察天象、了解日月星辰运行规律、制定和修改历法的传统，即“观象授时”。《诗经》中记载了不少星宿的名称，如火、箕、斗、室、昴、参、毕等，可见西周时期二十八星宿已经完全确定了。

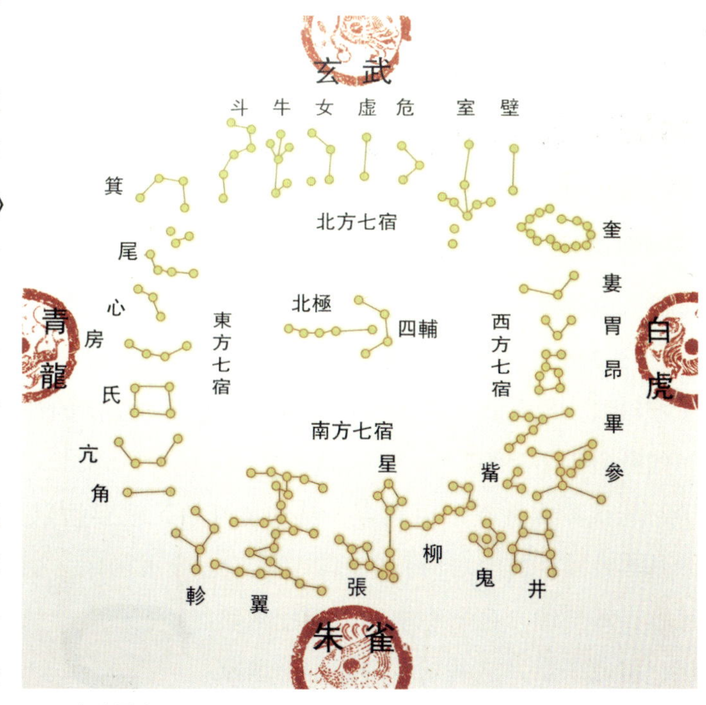

▲ 二十八星宿

《竹书纪年》中记载了“懿王元年天再旦于郑”，有学者认为“天再旦”即日食。经过大量天文演算，这一日期被推断为公元前 899 年 4 月 21 日，这也是目前所知我国最早的有确定日期的日食记录。

▲ 北京古观象台中的圭表

最早的天文观测仪器是土圭，最早装置圭表的观测台是周初在阳城建立的周公测景（影）台。利用土圭观测日影，能够正确的给出冬至、夏至、春分、秋分的日期，测定出太阳年的长度。

文学、诗歌和音乐的发展

西周流传下来大量的青铜器铭文，是金文的主要部分，说明西周是我国古文字的一个重要发展时期。最长的《毛公鼎》有近500字铭文，记录了西周政治、经济、社会各方面的史实，史学价值较高。

西周时期由史官保存下来的文献典籍相当丰富，现存《尚书》中的《周书》以及《逸周书》等，经过后人编选保存下来，是当时的重要历史文献。

《诗经》是我国现存最早的一部诗歌总集，其中周朝的诗歌有305篇，既有王室颂歌，也反映贵族欢忧，还有下层庶民对生活的控诉，比较全面的反映了当时的社会生活面貌。

周代注重贵族子弟教育，从幼童开始，就要教以礼乐射御书数等基础知识和基本技能，其中对诗和乐都非常重视。十五国风，指的是西周十五种地方性的民歌，雅与颂，也各有格律，能配乐歌唱，组成乐章，这些乐章同时也是国家制定的礼乐的组成部分，应用广泛。

西周刑法和夏朝刑法相比，有哪些方面的进步？

图书在版编目（CIP）数据

一读就懂的中国史．夏商西周 /《图说历史》编委会编著．—北京：中国铁道出版社有限公司，2020.7
（图说历史）
ISBN 978-7-113-26788-9

Ⅰ．①一… Ⅱ．①图… Ⅲ．①中国历史－三代时期－通俗读物 Ⅳ．①K209

中国版本图书馆 CIP 数据核字（2020）第 061402 号

书　名：一读就懂的中国史·夏商西周
作　者：《图说历史》编委会

责任编辑：田　军　　**电　话：**（010）51873038
编辑助理：叶凯娜
封面设计：宿　萌
责任印制：赵星辰

出版发行：中国铁道出版社有限公司（100054，北京市西城区右安门西街 8 号）
网　址：http://www.tdpress.com
印　刷：北京柏力行彩印有限公司
版　次：2020 年 7 月第 1 版　　2020 年 7 月第 1 次印刷
开　本：710 mm×1000 mm　1/16　**印张：**13.5　**字数：**200 千
书　号：ISBN 978-7-113-26788-9
定　价：58.00 元